中国社会科学院
CHINESE ACADEMY OF SOCIAL SCIENCES
经济研究所
INSTITUTE OF ECONOMICS

新时代经济问题
研究丛书

声誉、市场竞争与管制

高质量发展的微观激励机制研究

杜 创 ◎ 著

中国社会科学出版社

图书在版编目（CIP）数据

声誉、市场竞争与管制：高质量发展的微观激励机制研究/杜创著.—北京：中国社会科学出版社，2019.5

ISBN 978－7－5203－4333－6

Ⅰ.①声… Ⅱ.①杜… Ⅲ.①企业管理—激励制度—研究 Ⅳ.①F272.92

中国版本图书馆 CIP 数据核字(2019)第 078448 号

出 版 人　赵剑英
责任编辑　王　曦
责任校对　杨　林
责任印制　戴　宽

出　　版　中国社会科学出版社
社　　址　北京鼓楼西大街甲 158 号
邮　　编　100720
网　　址　http：//www. csspw. cn
发 行 部　010－84083685
门 市 部　010－84029450
经　　销　新华书店及其他书店

印刷装订　北京君升印刷有限公司
版　　次　2019 年 5 月第 1 版
印　　次　2019 年 5 月第 1 次印刷

开　　本　710×1000　1/16
印　　张　13.75
插　　页　2
字　　数　181 千字
定　　价　66.00 元

凡购买中国社会科学出版社图书，如有质量问题请与本社营销中心联系调换
电话：010－84083683

编写说明

中国特色社会主义进入了新时代，新时代意味着新起点、新征程、新变化、新形势、新要求、新任务，中国经济学界迎来了一系列全新的时代命题。跟踪研究新时代经济问题，为中国经济实现高质量发展提供智力支持，是中国经济学人义不容辞的责任。

秉持“为人民做学问”的宗旨，中国社会科学院经济研究所历来重视重大经济问题研究。值此中华人民共和国成立70周年及建所90周年之际，我们顺应新时代中国特色社会主义经济发展的现实需要，开展了一系列经济理论和现实问题研究，并在此基础上启动了《新时代经济问题研究丛书》编撰工作。这套丛书重点关注以下4方面问题：一是全面总结中国经济建设实践，讲好中国经济故事；二是深刻认识社会主要矛盾变化，做好经济学意义解释；三是从创新和完善宏观调控体系入手，探索推动高质量发展的规律；四是立足新时代，构建中国特色社会主义政治经济学。我们力求形成有用、能用、管用的研究成果，为中国经济发展和理论繁荣做出新的贡献，也敬请学界关注我们陆续推出的丛书成果。

中国社会科学院经济研究所学术委员会

2019年4月

前　言

中国经过四十年改革开放，经济已由高速增长阶段转向高质量发展阶段，消费者需求特征发生深刻变化。一是层次提升，对产品和服务品质的关注度越来越高。二是范围扩展，在物质文化需要之外，对健康、教育、文化、专业咨询等服务的需求凸显。然而，产品（服务）质量却成为我国市场经济建设的“短板”——供给体系产能大多数只能满足中低端、低质量的需求，产品质量事件时有发生。与此同时，虽然服务业逐渐超越工业成为我国国民经济的第一大产业，经济服务化仍存在趋于低端化的风险，医疗卫生、教育咨询、科学文化等知识密集型服务业的发展面临市场机制不畅、服务质量不高等问题。高质量发展的微观基础是高质量产品和服务的供给。有必要研究相应的微观激励机制，市场竞争与管制在其中的作用等。

将消费者需求特征上述两个方面的变化放在产业组织理论框架内，可以发现正好分别对应了“体验品”（experience goods）和“信任品”（credence goods）。体验品的特征是只有通过实际使用才能体验到产品质量，同时产品质量是不可验证的，即无法被法院等第三方证实或诉诸法律的成本太高，从而消费者购买到低质量产品后难以诉诸法律索偿。工业产品及一般性服务都具有体验品特征。信任品则是消费者需要专家“诊断”后才能确切知道其所需的产品或服务，当专家和卖家合一时就可能诱导消费者过度消费。信任品的典型例子包括医疗、教育、管理咨询、技术咨询等。信息不对称使得体验品和信任品市场上消费者面临供给者的道德风险问题，市场结果可能是低效率的，消费者苦于产品低质量，甚至导致市场消失。经济学表明声誉机制可以克服厂商道德风险。如果厂商足够耐心、有长远眼光，就会克制短期诱惑以获得长远回报。本书构建四个博弈论模型（第三章至第六章），从理论上分析了体验品和信任品市场上声誉、市场竞争与管制之间的关系。

模型 1 在一个重复道德风险的框架内，研究了双寡头体验品市场上厂商声誉和消费者信念之间的相互作用。当消费者对产品质量敏感性存在差异（垂直差异）时，刻画了其中一类完美贝叶斯均衡机制——递归信念均衡，统一解释了声誉机制的多样性及各自的适用条件。该模型仅借助纯粹道德风险（厂商方面）的框架，揭示了寡头市场上品牌与声誉的动态变化，尤其是声誉消失的过程。

模型 2 应用重复博弈理论研究了产品存在水平差异（消费者品牌偏好差异）时体验品市场上的声誉机制——双寡头厂商之间重复进行“声誉锦标赛”，争夺没有特殊品牌偏好的消费者。模型表明，产品的水平差异程度越小（即竞争性越强），则锦标赛机制对厂商维持声誉的激励作用越强。与静态锦标赛不同，即使厂商之间事前不存在差别，动态条件下最优的锦标赛机制是不对称机制。

模型 3 针对中国普遍存在的过度医疗现象，借助一个信息不对称条件下的信任品博弈模型表明价格管制（诊费管制）是导致过度医疗的原因，并且分析了过度检查与过度用药这两种过度医疗形式的不同效果。本书将过度医疗解释为垄断卖方在价格管制约束下为实现更高利润而采取的特殊价格歧视现象。

模型 4 构建医院、患者、医保机构三方信息不对称条件下的信任品重复博弈模型，研究了医保机构对医院的最优支付方式

（最优价格管制）及其决定因素，研究发现：若患者自付比例足够低，则预付制优于后付制；若治疗成本随疾病严重程度变化足够大或医院不重视未来收益，则后付制优于预付制。

目　录

第一章　导论

第一节　研究背景与问题

中国经过四十年改革开放，经济已由高速增长阶段转向高质量发展阶段，消费者需求特征发生深刻变化。一是层次提升，对产品和服务品质的关注度越来越高。二是范围扩展，在物质文化需要之外，对健康、教育、文化、专业咨询等服务的需求凸显。然而，产品（服务）质量却成为我国市场经济建设的“短板”——供给体系产能大多数只能满足中低端、低质量的需求，产品质量事件时有发生。与此同时，虽然服务业逐渐超越工业成为我国国民经济的第一大产业，经济服务化的过程仍存在趋于低端化的风险，医疗卫生、教育咨询、科学文化等知识密集型服务业的发展面临市场机制不畅、服务质量不高等问题。以医疗卫生行业为例，大处方、抗生素滥用①、剖宫产率过高②、过度检查等

---

① 据时任国家发改委副主任朱之鑫在2010年十一届全国人大常委会第十八次会议上披露的数据，2009年中国医疗输液用量达104亿瓶，相当于13亿人口每个人输了8瓶液，远远高于国际上2.5—3.3瓶的水平；在美、英等发达国家，医疗机构的抗生素使用率仅为22%—25%；而2006—2007年度卫生部全国细菌耐药监测结果显示，中国住院患者的抗生素使用率高达70%，其中外科患者几乎人人都用抗生素，比例高达97%。转引自《我国成抗生素滥用最严重国家　专家建议立法规范》，《新京报》2010年12月2日。

② 例如，2010年初世界卫生组织在医学权威期刊《柳叶刀》（*The Lancet*）上发布报告披露（Lumbiganon et al.，2010）：2007年10月至2008年5月，中国剖宫产率高达46.2%，是世界卫生组织推荐上限的3倍以上。

过度医疗现象一度普遍发生。

如果说在高速增长阶段，消费者和政策制定者对产品和服务主要关注数量、价格问题，数量扩张、价格降低是导向；那么在高质量发展阶段，更值得关注的应该是产品和服务的质量。本书研究高质量发展的微观基础——高质量产品和服务供给的激励机制。

提高产品和服务质量，涉及两个层面的问题。一是我们的企业有没有能力提供高质量产品和服务？如何突破关键技术阻碍，这是如何促进创新的问题。二是即使有能力，我们的企业有没有意愿提供高质量产品和服务？第一个层面的问题当然很重要，也受到了高度关注。第二个层面常常被忽略，却是许多产品质量事件发生的直接原因。以 2008 年“毒奶粉事件”为例，并不是问题企业没有生产合格奶粉的技术能力，而是为降低成本在奶粉中掺入三聚氰胺以提高检测时的蛋白含量；大量过度医疗现象的背后并不是医疗机构缺乏正确诊断的能力，而是为不当盈利诱导了患者。本书重点关注第二个层面问题。问题的复杂性在于产品的需求者与供给者是不同的利益主体，而市场各方关于产品质量的信息不对称；此时，如何激励产品供给方提高产品质量？价格机制有何特殊性？市场竞争和管制分别在其中起到什么作用？

上述理论问题在经济学尤其是产业组织经济学中已经有了一定程度的研究。产业经济学根据产品质量的信息不对称类型，将产品分为“搜寻品”（search goods）、“体验品”（experience goods）与“信任品”（credence goods）三类①。对于搜寻品，消费者可在购买之前借助搜寻行为（有搜寻成本）获得关于产品质量的信息。而对于体验品，消费者购买之前无法借助搜寻行为确知产品质量，只有通过实际使用才能体验到；同时产品质量是不可验证的（nonverifiable），即无法被法院等第三方证实，从而消

① 参见 Nelson（1970），Darby 和 Karni（1973）。详细文献综述见第二章。

费者买到低质量产品后难以诉诸法律索偿。体验品的例子包括食品、汽车、航空运输服务等。对于信任品，消费者既无法通过搜寻行为确知产品质量，甚至购买后也很难体验到产品质量如何，消费者需要专家“诊断”后才能确切知道其所需的产品或服务。由于专家服务中的信息不对称，如医生拥有比患者更多的关于疾病诊断的信息，当专家和卖家合一时就可能诱导消费者过度消费。信任品的典型例子包括医疗服务、维修服务、管理咨询服务等。本书研究对象包括体验品和信任品。

考虑某种体验品市场，其中厂商可以选择低努力水平或高努力水平生产。选择高努力时付出的成本更高，但更有可能生产高质量的产品。消费者无法观察到厂商的努力水平，仅在购买之后才能够观察到产品质量的一个不完美信号。厂商的道德风险问题就自然产生了。若消费者相信厂商会付出高努力并因此支付高价格，则厂商的最优反应将是选择低努力、以更低的成本提供低质量产品；消费者预计到这一点，就不会相信厂商，甚至不会购买而导致市场消失。由于体验品质量的不可验证性，消费者和厂商也很难直接就产品质量水平签订可执行的合约。

声誉机制至少可以部分克服上述道德风险。基本逻辑其实很简单，就是短期诱惑与长期利益之间的权衡问题。虽然消费者在购买时不知道产品质量如何，但使用、体验之后就了解了；如果消费者的体验可以成为市场上的公开信息，下次就没有人再买低质量产品了。这样，有长远眼光的企业就会克服降低成本、生产低质量产品的短期诱惑。这些是一般原理，我们要研究的是什么样的市场制度环境，更有助于市场声誉机制发挥作用?

关于体验品市场声誉机制，学术界已经有了一系列研究（详见本书第二章）。本书研究的重点是寡头竞争与声誉机制的关系，具体而言包括研究下列两个方面的问题。

1. 经验研究表明，寡头市场的声誉机制具体表现形式多样，例如：（1）通过消费者在厂商之间的转换来实施惩罚；（2）有时使厂商彻底丧失声誉乃至退出市场是必要的；（3）不对称竞争模式：寡头市场上有些厂商拥有声誉（也可能是失去），有些则只作为低质量产品供应商存在。为什么声誉机制存在不同的具体表现形式？各自出现的条件是什么？这些多样化的形式可否用一个统一的模型解释？

2. 最优声誉排名。发达市场经济中，企业声誉排名已经很普遍。声誉排名实际上是一种锦标赛机制——根据企业绩效重复进行的锦标赛。排名适用的前提是什么？为什么可能促进企业维持声誉？这种重复进行的锦标赛和我们熟知的静态锦标赛有什么异同？最优的声誉排名机制有什么特征？排名本身就是竞争，但根据产品异质性（可替代性），竞争程度会有差异，竞争程度如何影响排名机制的效果？

接下来我们以医疗服务为例，考虑信任品市场产品质量的激励机制问题。假设患者得了某种疾病，病情可能较轻也可能较严重。若病情较轻，则仅需简单治疗；若病情较重，则需复杂治疗。复杂治疗也可以治好轻病，但简单治疗无法治好重病。患者只知道自己生病了及生重病的概率，但不知需要简单治疗还是复杂治疗；医生知道患者需要复杂治疗还是仅需简单治疗即可。医院可能诱导患者接受不必要的诊疗以获取更多利润，即“过度医疗”（overtreatment）；也可能推诿重病患者以获取更多利润，即“诊疗不足”（undertreatment）。

关于信任品市场，本书研究的重点是管制与信任品质量的关系。具体而言，包括下列两个方面的问题。

1. 为什么过度医疗在中国成为一个普遍现象？长期以来，中国医疗服务行业有严格的价格管制。其特征，一是按服务项目逐项管制，即详细规定每一项医疗服务可以收取的最高价格；二是压低医疗服务价格，但允许在药品销售、医疗检查收费上获得一定的利润。医疗服务价格管制抑制了过度医疗吗？

2. 最优医保支付方式。相较于普通产品和服务，医疗服务行业的一个重要特征是独特的需方制度安排——医疗保险制度。医疗保险机构不仅为参保人提供保险，而且凭借其谈判力量往往可以决定价格。基本的医保支付方式有两种。一是后付制，即按服务项目付费，医保机构根据医疗机构实际提供的诊疗项目种类、成本提供费用补偿。二是预付制，例如按诊断相关组付费（DRGs）。DRGs根据疾病类型等指标将住院病例分为若干诊断相关组，每组都有统一的费率。费率计算以全国范围内医院平均成本为基础，会考虑地区差异。DRGs的精髓是住院费用按诊断相关组预先固定，与单个医院实际提供的诊疗项目种类、成本无关，也与组内疾病严重程度无关，费用控制的压力就由保险机构转移到了医院。预付制与后付制各有利弊：后付制下的主要问题是可能诱发过度医疗问题，预付制下则可能发生诊疗不足。医保机构如何依据客观参数权衡利弊选择最优支付方式?

第二节 研究方法

本书是产业组织经济学理论研究，应用博弈论（主要是重复博弈理论）建立数学模型，从一系列假设推导出理论机制和结论。关于研究方法，有几点说明。

一 数学模型的必要性

经济学中使用数学模型的必要性是一个争论已久的话题。这里不准备泛泛讨论，而是结合本书研究主题的特殊性及作者个人的建模经验，略作说明。

第一，模型把概念和经济规律背后的数学结构展现出来，有助于认识事物的本质特征。例如，作者在医改调查研究或政策讨论中，经常遇到没有受过系统现代经济学训练者的疑问：医疗服务中信息不对称问题导致了过度医疗，这和关于一辆汽车质量的信息不对称究竟有什么区别？从学术上说，这其实就是信任品和体验品的区别，可以用文字表述出来，但很啰唆；如果一看数学结构（第二章），立即就可清晰看出二者的区别了①。

第二，模型化之后，数学推导的机械性、自动性能够使我们发现一些纯文字推理中不容易发现的规律。例如第三章发现，声誉机制的不同表现形式其实各有适用条件（对厂商耐心程度的要求不同），第四章发现，声誉排名中不对称的锦标赛机制才是最优的。这些结论背后的经济学直觉，可以用文字阐述出来；但作者最初发现这些结果，完全是根据数学推导。

数学模型都是在一定前提假设下推导出结论来，为求逻辑严谨，前提假设都比较抽象，对经济现实作了很多简化。因而常常招致不符合现实的批评。数学模型的作用，也许可以认为和地图相似。一张中国地图，只有1∶1比例的才完全符合现实，但这样的地图没有任何用处。

二 “声誉”是什么？

经济学中，“声誉”（reputation）有两种不同的含义：（1）指（无穷期）重复博弈中的合作现象；（2）指博弈一方对另一方所属类型（type）的信念，即通常所称KMRW模型（Kreps和Wilson，1982；Milgrom和Roberts，1982）。一些经济学文献如Fudenberg和Tirole（1991）及Mailath和Samuelson（2006）在语词上将“声誉”限定为仅包括第二种情况；也有一些经济学文献，如Cabral（2008）则认为上述两类都可称为“声誉”。

本书理论模型采用的是第一种含义，即重复博弈中的合作现象（第二章理论综述除外）。体验品市场上，如果消费者相信厂商会付出高努力，而且均衡中厂商确实付出了高努力，我们就称该厂商拥有声誉。医疗信任品市场上，如果患者相信医疗机构

---

① 当然，这里不是说医疗服务中不存在体验品式的信息不对称问题，当主要考虑医生努力程度对诊断正确性的影响时，也可以将医疗服务看作体验品。但是，医疗服务中过度医疗问题更适合从信任品角度来分析。

（医生）会做出正确诊断，而且均衡中医疗机构（医生）确实做出了正确诊断，没有诱导患者，我们就称该医疗机构（医生）拥有声誉。采用第一种含义的好处是博弈论模型相对简单，也无须假设某种程度的非理性；缺点是难以精确显示声誉逐渐积累和消失的动态过程。不过，本书第三章表明，纯粹道德风险的框架（即声誉的第一种含义）也可以在一定程度上描述声誉的动态变化。

三　不完美公共监督重复博弈

本书模型的理论基础是不完美公共监督重复博弈理论①。

重复博弈理论是博弈论的重要组成部分，刻画了经济行为主体在长期关系中能够获得的收益及其局限。对于法律体系还不够健全的发展中国家，重复博弈所施加的约束常常能够有效规范经济代理人的道德风险和逆向选择行为，提高效率。了解和研究重复博弈理论，有着很强的理论和现实意义。根据重复博弈的时间长度，可以划分为有限重复博弈和无穷重复博弈。在无穷重复博弈中，参与人会在重复的阶段博弈结构里互动无穷多次。考虑无穷重复博弈最初是出于数学结构上的方便。虽然在现实中，不会有一个个人或企业有无穷寿命，但这并不影响理论的有效性。对于厂商而言，无穷期假设类似于会计学中的“永续经营”假设，即在博弈开始时并没有外生设定博弈什么时候结束（如事先确定在10年内企业必须关闭）；当然，厂商特定行为（比如失去声誉）的后果可能导致博弈在有限期内结束，但这是由博弈参与人的策略内生决定的。②

---

① 关于不完美公共监督重复博弈理论的完整介绍，参见本书附录。

② 其他可行的解释是：无穷重复博弈中，参与人会对未来收益以一定概率 $\delta \in [0, 1]$ 贴现，贴现因子 $\delta \in [0, 1]$ 有时可理解为博弈参与人对自己会再多存活一期的概率估计。此外，企业可以作为一个载体，将有界寿命的个人之间的一次性博弈转化为重复博弈（参见 Kreps，1990）。

具体到重复博弈理论，本书模型又属于不完美公共监督（imperfect public monitoring）重复博弈，与之相对的是完美监督（perfect monitoring）重复博弈。二者的区别在于信息结构。以我们研究的体验品为例，如果经过高努力生产的产品一定是高质量的，经过低努力生产的产品一定是低质量的，只是在购买时产品质量无法观察，事后却可以确定知道，就是“完美监督”。如果努力水平与产品质量之间的关系有不确定性，高努力虽然更可能生产高质量产品，但不是百分之百，也有一定的概率生产出来的产品是低质量的；或者低努力虽然更可能生产低质量产品，但也不是百分之百，也有一定的概率生产出来的产品是高质量的，那就是“不完美”。而“公共”一词的含义则是，虽然在购买时不知道产品质量，但在重复博弈的下一期，过去产品质量的信号会成为市场公共信息，为大众知晓；当然这个信息又是不可验证的，即难以作为法庭证据。

不完美公共监督条件下，关于产品质量的信号可能是连续分布也可能是离散分布（一般取有限个值）。从方法论角度看，连续信号模型求解均衡策略比较容易，一般应用中直接寻找 Bang - Bang 策略即可；但是求解完整的均衡集比较困难。由于重复博弈均衡的多重性，对均衡集的完整刻画在理论上是比较重要的。有限信号模型求解均衡集（或均衡集的上界）相对容易，但是求解具体的均衡策略比较困难，除非限于博弈参与人只有两种行动、两种信号。①

产业组织中的“声誉”理论模型，最初都是从完美监督重复博弈开始的，因为处理起来比较简单。新近发展起来的模型，则更多依据“不完美公共监督”的框架，以容纳经济中的各种不确定性。当然，这样一来理论模型也要复杂得多。

---

① 本书第三章、第四章研究体验品市场声誉机制时使用了连续信号模型，第六章研究信任品市场声誉机制时使用了有限信号模型。

将重复博弈基本理论应用到产业组织研究，包括本书关注的市场声誉机制，有两点需要注意。一是重复博弈理论只提供了思考问题的方向和基本模型框架。比如，重复博弈模型的各种变体，大多只是告诉我们：如果博弈参与人足够耐心，则高于静态博弈纳什均衡的收益是可能实现的；“足够耐心”，指耐心程度（贴现因子）要高于某个临界值。当然，这也提供了一些启示：市场声誉机制有赖于厂商的长远眼光。但基本理论能够告诉我们的，也只是这些略显模糊的结论。“耐心程度”，多少有些看不见摸不着。产业组织研究要解决的，正是分析各种市场参数，如市场结构、成本结构等如何具体定义了短语“足够耐心”中的“足够”，即临界值。二是重复博弈一般有多重均衡，严格来说，理论预测缺乏唯一性。这也可说是理论本身的缺陷。应用中通常的做法是尽量寻找能使厂商实现最高收益的均衡，或在同等收益下要求耐心程度（贴现因子）最小的均衡，或在现实中比较常见的均衡。

第三节 主要结论

第二章详细评述了产业组织理论中涉及体验品和信任品声誉、市场结构与产品质量的文献。[①] 本章并不是相关文献的简单堆砌。我们首先引入一个简单的基准模型（体验品市场），表明在一系列设定下，厂商维持声誉的激励与市场结构无关；通过对基准模型中相关假设的不断放松，逐渐展开论述已有文献的成果，显示不同市场结构（垄断、垄断竞争、寡头）如何影响声誉

① 本书的理论基础是不完美公共监督重复博弈的基本理论，但由于技术性较强，我们将相关文献放在了附录。附录重点介绍离散时间条件下不完美公共监督重复博弈理论的共同框架：动态规划与自我生成方法；然后根据信号空间的差异，分连续信号、有限信号、内生信号三种情况综述已有理论文献。附录有更强的方法论导向，尤其是在共同框架之下，比较了连续信号与有限信号模型的优劣。

机制。然后介绍经验研究文献，显示现有理论在何种程度上得到经验证据的支持。最后讨论了信任品及其市场声誉机制的特殊性。

在系统梳理已有文献的基础上，第三章至第六章应用博弈论尤其是不完美公共监督重复博弈理论，建立四个数学模型，讨论了体验品和信任品市场上竞争、管制、声誉与产品质量的关系。

第三章考虑体验品市场，厂商是博弈的长期参与人，消费者面临厂商的重复道德风险问题。进一步假设消费者对产品质量的敏感性存在垂直差异，即相同质量的产品，有些消费者获得的效用较高，有些较低，这是消费者的私人信息。在此基础上，本章以双寡头市场为例完整刻画了一类声誉机制——我们称之为递归信念均衡；仅利用纯粹道德风险（厂商方面）的框架就揭示了寡头市场上品牌与声誉的动态变化①。本章研究表明，声誉机制多样化的具体表现形式可以用一个统一的机制（递归信念均衡）解释。例如：（1）通过消费者在寡头公司之间的转换来实施惩罚；（2）有时使厂商彻底丧失声誉乃至退出市场是必要的；（3）不对称竞争模式。

第四章仍考虑体验品市场，博弈的基本框架如第三章，厂商是博弈的长期参与人，消费者面临厂商的重复道德风险问题。在此基础上研究了产品存在水平差异时双寡头体验品市场上的声誉机制，从理论上解释了现实中广泛存在的声誉排名现象，将其刻画为重复进行的声誉锦标赛；进一步研究了声誉排名有效的条件、最优的声誉排名机制。具体来说，本章通过消费者偏好的水平差异来刻画产品的水平差异。消费者是短期参与人（或匿名的

---

① 现有描述声誉动态变化的模型大多依赖于对厂商的一点“非理性”假设（存在一定比例的厂商是总是付出高努力的“好类型”或总是付出低努力的“坏类型”）。但此类声誉模型无法应用于寡头市场，因为难以定义“非理性厂商”如何与普通类型厂商直接互动，而寡头市场又无法回避对厂商之间直接策略性互动的分析。唯一利用纯粹道德风险框架刻画声誉动态变化的模型是 Rob 和 Fishman（2005），但其针对的是垄断竞争市场，回避了策略性互动问题。

长期参与人），分为两类：一类是“品牌偏好型消费者”，只会从两家厂商中固定的某一家购买，或者不购买；另一类是“转换型消费者”（无品牌偏好），可以从两家厂商中任意一家购买，或者不从任何厂家购买。转换型消费者的相对比例刻画了两家厂商之间产品的可替代程度，即水平差异化程度。如若只有品牌偏好型消费者，则两家厂商的产品可视作完全不同的；若只有转换型消费者，则两家厂商的产品不存在水平差异。针对上述模型，本章刻画了一类有现实意义的均衡，均衡中厂商之间的竞争可视作重复进行的、争夺“转换型消费者”的声誉锦标赛；两家厂商总是选择高努力，其激励来自转换型消费者在两家厂商之间的转换。本章研究表明，声誉锦标赛有效的前提是产品水平差异度不能太大；而且产品水平差异度越小，越有助于激励厂商维持声誉。与静态锦标赛不同，即使厂商之间事前不存在差别，动态条件下最优的锦标赛机制是不对称机制。

第五章针对中国普遍存在的过度医疗现象，通过一个静态的信任品理论模型，讨论了患者存在收入差别、医患诊疗信息不对称、诊断与治疗一体（医药不分）条件下的垄断医疗市场均衡。结论如下。若没有价格管制，则作为垄断者的医疗机构没有必要实施过度医疗，通过一次性收取高额诊费即可获得全部垄断租金，但低收入者将面临诊疗不足。当对诊费进行严格管制时，将会出现高收入者被过度医疗、低收入者被诊疗不足的现象。取决于参数条件，过度医疗可能表现为过度检查或过度治疗。与无诊费管制时的均衡比较，（1）在过度治疗均衡条件下，一次诊疗的总医药费用将更高，未就诊者比例也更高；（2）在过度检查均衡条件下，一次诊疗的总医药费用不变，未就诊者比例不变，无效率来源于医疗机构过度的设备投资。不过给定诊费管制已经存在，则进一步实施药品收益率管制具有次优性质，可提高就诊率（但过度医疗仍存在）。

第六章考虑政府举办的医疗保险机构（或社会医疗保险机

构，以下简称医保机构)、患者、医院（医生）之间的三方重复博弈，其中医保机构和医院是博弈的长期参与人，患者是短期参与人。医保机构和患者面临医院的一系列道德风险问题。构建医院、患者、医保机构三方信息不对称条件下的重复博弈模型，研究了医保机构对医院的最优支付方式及其决定因素，有下列主要结论：(1) 无论医保机构实行预付制或后付制，为激励医院诚实诊疗，最优价格管制应保证医院获得正利润。(2) 最优预付制价格可以得到显式解且形式简单，而有效规避医院道德风险的后付制价格组合则依赖于医保机构目标函数、患者收入分布的具体形式，后付制要求医保机构有更高的信息搜集能力。(3) 若患者自付比例足够低，则预付制优于后付制；若治疗成本随疾病严重程度变化足够大或医院不重视未来收益，则后付制优于预付制。模型解释了中国与发达国家医保支付方式改革中的几个标准化现象：医疗保障水平越高，越倾向于采用预付制；中国与发达国家从后付制走向预付制的路径差异；DRGs 的演变中诊断相关组数目的增加趋势。模型提示了我国当前实施医保预付制应注意的一些要点。

本书的理论意义是：充实了产业经济学关于寡头市场声誉机制的研究，尤其是将研究扩展到不完美监督情形，同时考虑了消费者异质性的影响（水平差异或垂直差异)。现有关于寡头市场的少量声誉模型，基本都是在完美监督重复博弈框架下做出的(唯一的例外是 Rob 和 Sekiguchi，2006，该文研究的“周转均衡”可视作本书中“递归信念均衡”的特例——状态∞均衡)。本书应用不完美公共监督重复博弈理论，充实了寡头市场的声誉理论。

本书还带给我们一些政策启示。如第五章表明，当医疗服务提供过程可验证时，放开医疗服务价格是可行的。一些研究者担心放开医疗服务价格后，会出现医疗服务收费上升、药品检查费用却不降的后果。第五章通过严格的理论模型证明，放开医疗服务价格不会导致总费用上升，相反可能使总费用下降。第六章为医保预付制改革提供了一些启示：预付费标准应该保持相对稳定；信息公开的重要性；与预付制不同，制定有效的后付制价格组合对医保机构的信息搜集能力要求更高，后付制下更可能出现低效率结果；等等。

第四节　本书的体系性

本书包含统一的主题，即信息不对称条件下高质量产品供给的激励机制。根据产业经济学对于产品质量问题的分类，本书的研究领域又分为体验品市场和信任品市场两大部分。

第三章和第四章应用不完美公共监督重复博弈理论，从两个互为补充的角度分析了体验品市场上竞争、声誉与产品质量之间的关系：（1）消费者存在垂直差异时双寡头市场上厂商声誉的动态变化；（2）消费者存在水平差异时双寡头市场上的声誉机制。

第五章和第六章研究信任品市场。此二章在基本假设上有共同之处：都假设医疗服务提供不具有可追责性；都假设了消费者异质性：患者存在收入水平（可自负医疗费用的能力）的差别，收入水平是患者的私人信息，医生不知道；都假设了诊断和治疗一体的制度安排。两章的关键差异：第五章假设医疗服务提供过程是可验证的，第六章则假设医疗服务提供过程不可验证。第五章表明，在按服务项目管制的情况下，对诊费的过度管制会导致过度医疗；放开诊费管制，市场均衡的结果反而不会导致过度医疗。这样的结果带来一个疑问：如果管制完全没有效果，为什么无论发达国家还是中国，医疗行业总是受到高度管制？本书第六章部分回答了这个疑问：特定类型的管制可能发挥作用。第六章分析了社会医疗保险机构的最优支付方式。当社会医疗保险是政府举办的时候，这种买方定价行为往往也被称为管制。例如美国老年医疗保险（medicare）引入按诊断相关组付费的方式，在卫生经济学教科书上就被视作管制的一种（Folland et al.，2001）。第六章从声誉角度分析了此种类型管制发挥作用的条件以及最优管制方式（预付制或后付制的选择）。尤其是比较第五章和第六章可以发现，这种管制必要性的前提是医疗服务提供结果不具有可追责性且提供过程不可验证。

本书第Ⅰ部分（第三、第四章）和第Ⅱ部分（第五、第六章）之间也有内在的联系。虽然体验品和信任品代表了关于产品质量信息不对称的两种形式，但一定情况下二者不能截然分开。例如，对于医疗信任品，如果采取买方定价且医保机构实施预付制，事先固定价格使之与医疗机构提供的服务类型无关，则医疗服务就从“信任品”变成了“体验品”。因为在固定价格下医疗机构没有过度服务（过度医疗）的动机，也没有过度收费（overcharge）的可能，剩下的道德风险问题只是服务不足（诊疗不足）了；而诊疗不足问题可在事后体验到：诊疗不足一定会导致坏的结果，这就相当于供方付出低努力、提供低质量产品了。

从体系性角度看，下一步研究可从多方面展开。

理论上，本书体验品部分主要分析了双寡头市场。若分析任意数目厂商构成的寡头市场，或可更加细致刻画竞争程度与声誉的关系，并发展出最优市场结构（内生市场结构）理论。信任品部分，本书重点分析了现有管制政策对均衡结果的影响。市场竞争和管制如何共同影响信任品质量，值得进一步研究。

就中国现实而言，更有意义的深化研究可能是信息公开问题。已有关于声誉机制的研究，大多假设厂商在某期生产了低质量产品之后，消费者体验会成为市场上的公开信息。这是声誉机制起作用的前提。就发达市场经济而言，一系列已经存在的制度安排使得该假设很自然，无须深究；但对中国这样的不成熟市场经济体，怎样实现信息公开，可能值得深入研究。（本书第四章研究了信息公开的一种方式：声誉排名；但全书重点在竞争、管制与声誉的关系。）或有建议：政府应在推动信息公开中发挥重要作用。这样的建议不无道理。比如发生质量安全事件后，地方政府若不刻意阻止信息传播，事前就会对企业形成比较强的威慑作用。但是，市场在信息公开中的作用更不容忽视，成熟、健全的信息中介市场非常重要。在这方面，互联网可能为我们带来了加速发展的机遇。现在的第三方电子商务网站，消费者购物之后都可以评价产品质量；这些评价自然成为所有消费者都可以看到的公开信息。已有经验研究表明，消费者评价对产品销量有重要影响。从理论和经验方面深入研究这些评价机制，当是学术上的金矿。

第五节　写作体例

本书主体部分即第三章至第六章都是数学模型，完整阅读需要有重复博弈理论方面的基础知识和对数学公式的适应性。为方便不同层次的读者，各章采取了相似的三层式结构。第一层次是各章的第一节引言，该部分完全用文字描述了本章的主要假设、理论机制、结论及逻辑推导的直觉。对数学模型不感兴趣的读者只需要读第一节即可了解该章大意。第二层次是各章的第二节至倒数第二节，该部分设置了规范的博弈论模型，并准确给出了主要结论，但是略去了结论的数学证明。阅读第二层次可以了解本书的理论模型框架、数学结构，但又不必陷入数学细节。第三层次是各章的最后一节，给出了该章所有结论的详细数学证明。本节仅为关注数学严谨性的读者准备。

第二章　声誉、市场结构与产品质量*

——文献述评

本章并非简单堆砌相关文献。我们首先引入一个简单的基准模型，通过不断放松基准模型中相关假设，逐渐展开论述已有文献。

现代经济学已经形成了庞大的理论体系，任何研究只能站在前人肩膀上。与本书相关的理论文献主要包括两大类：一是产业组织理论中讨论产品质量声誉机制的文献；二是重复博弈的一般理论，主要是不完美公共监督重复博弈理论，这构成本书模型的方法论基础。就像一本当代物理学学术专著不可能从相对论和量子力学的基本理论开始综述已有文献，为免本章显得过于冗长，这里我们主要评述与本书直接相关的第一类文献，第二类文献则作为附录处理。

下述不太严格的说法可能有助于理解两类文献的关系。重复博弈理论比较抽象，得出的结论通常是：当博弈参与人足够耐心的时候，会克服短期诱惑，采取合作行为，即维持声誉。如果用

---

*　本章主要内容曾以《信誉、市场结构与产品质量：文献综述》为题发表于《产业经济评论》2009 年第 3 期，署名：杜创。本次出版补充了 2009 年之后的文献及信任品领域的研究文献。

贴现因子[①]表示参与人的耐心程度，上述结论就等价于博弈参与人的贴现因子要大于某个临界水平（临界贴现因子）。但是，参与人的耐心程度或贴现因子，通常是无法观测的变量。应用研究关注的是，一些可以观测的变量比如价格、市场结构、成本函数、消费者异质性、信息不对称等，如何影响临界贴现因子，以此考察声誉机制如何发挥作用、如何受市场结构等的影响。研究声誉、市场结构与产品质量的关系，正是此类应用文献之一种。

经济学中，“声誉”（reputation）有两种不同的含义：（1）指（无穷期）重复博弈中的合作现象；（2）指博弈一方对另一方所属类型（type）的信念，即通常所称 KMRW 模型（Kreps 和 Wilson，1982；Milgrom 和 Roberts，1982）。一些经济学文献如 Fudenberg 和 Tirole（1991）及 Mailath 和 Samuelson（2006）在语词上将“声誉”限定为仅包括第二种情况；也有一些经济学文献，如 Cabral（2008）则认为上述两类都可称为“声誉”。本书数学模型部分（第三至第六章），声誉指第（1）种含义；本章系文献评述，因此取广义的含义，即两者都包括。

关于声誉的理论研究文献可谓汗牛充栋，本章不可能全部涉及，也不打算如此；而是选取市场结构（垄断、垄断竞争与寡头）的角度，评述关于体验品和信任品市场上声誉机制的理论文献。市场结构影响声誉，表现在两个方面：一是不同市场结构下，厂商维持声誉的动力可能不同；二是不同市场结构可能有特殊的限定，使得具体的声誉机制具有特殊性。声誉与市场结构的关系，不仅是重要的理论问题，对于分析竞争政策的效果也有潜在意义。

---

① 经济行为人一般不会同等重视今天和一年后获得的收益。比如说，一年后获得 100 元，某个人可能认为仅相当于今天立即得到 70 元；如果将一年当作重复博弈的一期，则贴现因子为 0.7。贴现因子的取值区间为 0 到 1。博弈参与人的贴现因子越高，即越有耐心。

限于篇幅，我们不得不略去以下两类理论文献[①]。（1）特定行业声誉机制的理论研究。例如，Chari 等（2014）对次债市场声誉机制作用的研究；MacLeod 和 Urquiola（2015）研究了声誉机制如何影响学校竞争、造成学校分层，等等。（2）国内理论研究文献。2000 年以来，中文期刊中也出现了不少与产品质量和企业声誉相关的文献。理论方面，如平新乔和郝朝艳（2002）对假冒伪劣与市场结构关系的分析（静态模型），赵农和王小鲁（2005）对进入管制与产品质量的分析，蔡洪滨等（2006）对中国企业缺乏声誉问题的理论分析，吴德胜（2007）对网上交易中声誉问题的理论分析。

下文的具体安排是：第一节通过分析一个简单的体验品市场模型，揭示了各个市场结构中声誉机制的相同之点；第二节至第四节通过不断放松模型假定，分别介绍垄断市场、垄断竞争市场和寡头市场上的声誉机制；第五节介绍了经验研究文献；第六节讨论了信任品及其市场声誉机制的特殊性；最后是小结，并比较理论与经验文献。

第一节　基准模型

Nelson（1970）最早根据产品质量的信息不对称类型，将产品分为“搜寻品”（search goods）与“体验品”（experience goods）两类。对于搜寻品，消费者可在购买之前借助搜寻行为（有搜寻成本）获得关于产品质量的信息。而对于体验品，消费者购买之前无法借助搜寻行为确知产品质量，只有通过实际使用才能体验到；同时产品质量是不可验证的（nonverifiable），即无法被法院等第三方证实，从而消费者买到低质量产品后难以诉诸法律索偿。Darby 和 Karni（1973）在 Nelson 分类的基础上又加入

① 以下仅是较随意因而不完全的举例。

了“信任品”（credence goods）。对于信任品，消费者既无法通过搜寻行为确知产品质量，甚至购买后也很难体验到产品质量如何。信任品的典型例子包括医疗服务、维修服务、管理咨询服务等。信任品消费过程中，消费者需要专家“诊断”后才能确切知道其所需的产品或服务。由于专家服务中的信息不对称，如医生拥有比患者更多的关于疾病诊断的信息，当专家和卖家合一时就可能诱导消费者过度消费。

在基准模型中，我们考虑消费者选择是否购买某种体验品，第六节将引入信任品问题。在体验品市场上，若生产一个高质量的产品需要较高的成本（较高水平的努力），消费者将面临厂商的单方道德风险问题。对上述问题一个简单的博弈论描述如下，其中消费者和厂商在每期内同时行动。① 首先给出基本假设。

假设1：厂商是具有无穷寿命的经营主体。

假设2：厂商仅生产一种产品。

假设3：产品可能是高质量的，也可能是低质量的。

假设4：厂商每期可以选择的变量是产品价格和努力程度：高努力或低努力。

假设5：产品质量取决于厂商的努力程度，生产技术是确定的：高努力一定导致高质量，低努力一定导致低质量。

假设6：厂商方面不存在私人信息（“类型”）。

假设7：消费者是同质的：从一个高质量产品中获得的效用为1，从一个低质量产品中获得的效用为0。

假设8：如果消费者不买，双方都为0。

假设9：高努力的成本为c，且$0<c<1$；低努力的成本标准

---

① 此处提供的模型是Tirole（1988）中相关模型的一个简化版（见该书第二章第六节，英文版第122—123页）。现实中总是厂商先生产好物质产品，消费者再在市场上确定是否购买；或者消费者先购买，厂商再提供服务。但是一个博弈的时序概念和现实生活中的时序概念不尽相同。因为产品的质量在使用之前是不可观察的，消费者的购买决策不可能基于产品的质量，更不可能基于厂商付出多少努力的决策。从而可以将双方的行动在逻辑上看作同时发生的。

化为 0。

假设 10：消费者事前观察不到厂商的努力程度（隐藏行动）和产品质量，只能观察到产品价格。[①]

假设 11：离散时间结构：t = 1，2，3，…

假设 12：消费者是博弈的短期参与人，只进入市场一次。

假设 1 类似于会计学中的“永续经营”假设。如果只考虑道德风险问题（不考虑私人信息与逆向选择），则假设 1 是必需的，否则会存在 Selton（1978）所谓的“连锁店悖论”问题；但若放松假设 1，也会得到一些有趣的结论（参见第二节和第三节）。假设 3、假设 4、假设 8 本质上是技术性设定，应该不会改变模型的基本性质。但是取离散的或连续的变量时，均衡策略会有一些细节上的不同。有时这种差别是有意义的。如在第三节，我们将讨论放松假设 4 后得到的一些有趣结论。对假设 7 的一个可能的背离是，消费者从低质量产品中得到的效用大于 0；联系假设 8，这意味着即使是低质量产品，若价格足够低，消费者仍愿意购买。假设 9 中 $0 < c < 1$ 是使模型有意义的必要条件。注意在模型设定中，成本值已经标准化了（由假设 7，消费者从高质量产品得到的效用标准化为 1），实际上是成本与收益之比。假设 10 表明我们分析的是体验品市场。假设 11 长期以来一直是文献中的通用假定，离散时间结构便于分析，但是最近这种情况开始有了改变。假设 12（消费者是短期参与人）意味着，通常意义上的无名氏定理（Folk Theorem）对厂商声誉问题并不适用。

根据以上假定，如果消费者决定购买，且厂商决定付出高努力、生产高质量的产品并定价 p，则消费者得 1 - p，厂商得 p -

---

① 假设 10 是指厂商方面存在道德风险问题，即存在“隐藏行动”，因此对应的是“不完美信息”（imperfect information）；假设 6 指厂商不存在“私人信息”，即不存在“逆向选择”问题（“隐藏信息”）。如果假设 6 不成立，则厂商可能存在不同的“类型”（type），此时对应的是“不完全信息”。假设 6 和假设 10 表明，在基本模型中，我们主要考虑厂商的道德风险问题，而忽略其逆向选择问题。

c；如果厂商决定付出低努力（成本标准化为0）、生产低质量的产品，则消费者得 $-p<0$，厂商得 p。

从社会的角度看，厂商付出高努力、消费者选择购买显然是最优的。但若放松假设1，则静态博弈中唯一的纳什均衡却是消费者不买、厂商付出低努力。因为若消费者决定购买并支付价格 p（$p>c$），则厂商的最优反应将是选择低努力（成本更低）；消费者预见到这一点，将不会购买。有效率的均衡不会出现的根本原因在于：产品的质量虽然在购买之后可以体验到，但不可验证，即不可成为契约执行的证据。因此消费者和厂商不可能在购买之前就产品质量签订契约。

解决上述道德风险问题的一个常见方法是引入重复博弈和声誉机制。通常假定厂商是长期存在于市场上的。令 $\delta\in(0,1)$ 为贴现因子，代表厂商对未来的重视程度。因此，如果消费者在某一期买到的是低质量的产品，这一信息会传递到其他消费者，下一次就没有人买了。当厂商足够耐心时（δ 足够大），出于将来赚取更多利润的考虑，厂商就会每期付出高努力。这里的关键是产品的低质量水平虽然不可验证，即不能在法庭上成为执行契约的证据，但是可以被其他消费者观察到。

具体而言，消费者可采取如下策略：只要价格不高于1，第1期消费者购买；若第 t 期产品为高质量，则第 $t+1$ 期消费者继续购买；若第 t 期产品为低质量，则从第 $t+1$ 期开始，消费者不再购买。给定消费者的策略，厂商如何决策？考虑所有期定相同的价格 p。则若在某一期生产低质量产品（成本为0），当期可以得到净收益 p，但以后各期收益均为0，从而总收益为 p。若维持声誉，每期生产高质量（单位成本为 c），则总收益为 $(p-c)/(1-\delta)$。从而当且仅当 $(p-c)/(1-\delta)\geqslant p$，厂商不会生产低质量产品。上述条件等价于：

$$p\geqslant c/\delta>c$$

从这个最简单的模型中已经可以看出，不论市场结构，厂商愿意维持声誉的两个基本条件是：贴现因子不能太低。$1\geqslant p\geqslant c/\delta$ 意味着：$\delta\geqslant c$，即厂商要有足够长远的眼光。当满足基本模型的全部设定时，声誉与市场结构是无关的。在垄断市场或垄断竞争市场，声誉维持的条件都是 $\delta\geqslant c$。这里面的直觉是：虽然在垄断竞争市场，价格竞争可能会导致均衡价格降低，但降低的程度受到贴现因子影响，当 $\delta\rightarrow c$ 时，价格只能取最高水平 $p=1$，这和垄断者的最优定价是一致的。当产品质量不可观测时，竞争性市场上产品价格应足够高且高于成本，这在文献中一般将其称为“声誉溢价”。这个简单模型就像公司金融中的 MM 定理（融资结构与公司价值无关），是一个有用的参照系（benchmark），它提示我们：如果市场结构对于维持声誉很重要，那一定是违反了假设 1 至假设 12 中的一个或多个。

另外我们可以看到，虽然关于产品质量的重复博弈模型与普通的重复道德风险模型（委托代理问题）有许多相似之处，但也有一些特定的结构。比如：绩效（产品质量）是不可验证的，因此无法签订正式合约，只能依靠自我实施（self - enforcing）的动态机制；代理人（厂商）是长期参与人，委托人（消费者）一般是短期参与人，这是和关系合约（relational contract）理论的主要区别。由于以上两个特点，多重均衡是无法避免的缺陷。

第二节　垄断市场

关于垄断市场上的声誉问题，一个最新的重要理论进展是关于垄断者声誉暂时性的讨论；这成为任何关于声誉动态变化的研究无法绕过的一个问题。另外一个问题是声誉对产品多元化决策的影响。

一　声誉的动态变化及垄断者声誉的短暂性

在基本模型中，很重要的一个假设是：尽管质量水平无法被法院验证，但下一期的消费者能够观察到厂商上期生产的产品质量，从而确知厂商在过去是否有偏离行为。而现实经济中常常存在不确定性，如由于生产中的意外，厂商付出了高成本，却生产出了低质量的产品；或由于消费过程中的不确定性，下一期的消费者只能观察到上期产品的一个有噪声的信号（尤其当消费者仅够买一次的时候）。[①] 这种不确定性对于声誉机制会产生什么样的影响呢？

另外，上述关于“声誉溢价”的简单模型虽然能够解释与企业声誉有关的一些现象，却无法刻画声誉和品牌的动态变化，如经验告诉我们：

（1）企业声誉的建立是一个逐渐积累的过程；

（2）企业声誉的丧失也是一个渐变的过程。

Kreps 和 Wilson（1982）、Milgrom 和 Roberts（1982）及 Kreps、Milgrom、Roberts 和 Wilson（1982）通过引入私人信息，较好地说明了上述渐变现象。虽然他们的模型并非直接针对产品质量问题，但基本思想是一致的。[②] 简单说明如下。

现在放松假设 5 和假设 6。设当厂商付出高努力时，生产高质量产品的概率为 $\alpha<1$；当厂商付出低努力时，生产高质量产品的概率为 β，且 $\alpha>\beta$。同时假设消费者对厂商的性质有一点点不确定性。厂商有两种类型：一种为好类型（承诺型，commitment type），总是付出高努力。另一种为普通类型（策略性行为者），若付出低努力，则成本为 0；若付出高努力，则成本为 $c\in(0,1)$。厂商的类型为私人信息，博弈一开始时消费者仅知道厂商是好类型的概率为 $\varphi_0\in(0,1)$。消费者是长期行为人。每

---

① 通过媒体、网络、消费者报告、口耳相传等方式。不确定性来自生产，还是消费，并不改变基本的模型，可参见 Cai 和 Obara（2009）。

② KMRW 模型最初的目的是解决有限期重复博弈中的“连锁店悖论”问题。但是其模型可以推广到无限期重复博弈。在企业声誉（关于产品质量）的背景下，KMRW 模型更重要的意义是可以模拟声誉变化的动态过程。因此在本节讨论 KMRW 模型，都是针对无穷期重复博弈。

期，每个消费者仅能选择一家厂商，最多消费一单位产品。高质量产品对消费者的效用为1，低质量产品对消费者的效用为0。若不选择交易，消费者的保留效用为$\gamma \in [\beta, \alpha]$。

给定上述框架，则均衡中消费者信念将按如下方式变化：厂商每生产一次高质量产品，消费者认为其属于好类型的概率将增加一点；每生产一次低质量产品，消费者认为其属于好类型的概率将减少一点。消费者信念的更新可由贝叶斯法则计算出来。给定消费者的信念，则均衡中普通类型的厂商将会冒充好类型的厂商，总是付出高努力，并因此获得更高的利润。（因为厂商可能是好类型的，消费者对厂商会更宽容一点。）Fudenberg 和 Levine（1989，1992）在此基础上给出了所有可能的均衡收益。①

将“声誉”理解为消费者关于厂商类型的信念，虽然可以较好模拟声誉的动态变化，但是也有一些问题。

第一个问题，当上述模型应用到体验品质量问题研究，不可避免会产生一个技术难题，因为厂商在努力水平选择之外，还有其他维度的选择变量，如价格或数量。如果垄断者要选择最优价格水平，“非理性”的“好类型”厂商如何做出选择？价格选择会不会透露出好类型与策略型厂商的差别？即使可以处理，技术上也会使模型变得极度复杂。现有文献的通常做法是假设价格外生固定或等于产品的预期质量（最新文献如 Sannikov，2011；Board 和 Meyer - ter - Vehn，2013，仍是如此设定），只考虑选择高努力还是低努力的问题。

第二个问题，在上述框架下，如果市场是垄断的，声誉效应将是暂时的。Cripps、Mailath 和 Samuelson（2004，2007）给出了

① 20世纪八九十年代声誉基本理论上的研究成果还包括：Celantani, et al.（1996），Cripps, et al.（1996）等，最后总结在 Sorin（1999）中。Sorin（1999）利用数学中的 Blackwell 定理（Merging Property），将此前博弈论中关于个体声誉的主要模型统一在一个框架中。

如下思路的严格证明。[①] 若只有一家厂商，而我们又要寻找厂商总是施加高努力的均衡，结果必然是厂商的收入随消费者的信念而连续变化。可以证明，经过足够长的时期，消费者的信念（关于厂商是好类型的主观概率）更新将会越来越缺乏弹性。在无穷期重复博弈的情况下，消费者的信念最终会收敛。[②] 信念收敛导致的结果是：低质量将总是归因于运气不好。但给定消费者的信念收敛，普通类型的厂商将有动力偶尔偷一下懒；日积月累下来，上述总是付出高努力、获得高利润的均衡将瓦解。

而且，除了 Fudenberg 和 Levine（1989，1992），Cripps、Mailath 和 Samuelson（2004，2007）的极限结果外，对私人信息（类型）声誉博弈里具体均衡策略有哪些特征，一直缺乏研究，数学运算的复杂性阻碍了研究者获得更清晰的结论。直到 Sannikov 一系列关于连续时间重复博弈的研究论文出现，情况才有所改变。Sannikov（2011）在连续时间重复博弈框架里（放松假设11），研究了当只有一个长期行为人、大量短期行为人时的声誉机制，其中关于长期行为人的公共信号受到布朗运动的扭曲，由此可以通过微分方程刻画均衡策略。连续时间框架下令人惊讶的结果是：当短期行为人确定他们面对的长期行为人就是策略性行为者（普通类型），唯一的序贯均衡将是静态纳什均衡的重复。也就是说，在完全信息（即没有关于厂商类型的不完全信息，但道德风险仍然存在）情况下，市场声誉机制将无法实现。但在基准模型里，我们知道声誉机制并不依赖于关于厂商类型的特殊设

---

① Holmstrom（1999）在分析经理人的"职业关注"（career concerns）问题时也提到了类似的信号收敛后果，即在重复博弈中，随着私人信息的逐渐被显示，经理人的努力水平也逐渐降低。但该文针对的是"信号堵塞"（signal jamming）问题。

② 生活中一个类似的直觉是：当我们通过一个人的历史，逐渐认为这个人是个"好人"之后，对他的评价将会"固定化"：即使他后来做了一些坏事，我们也会认为他一定是"无心"的，或"好心"做了"坏事"。此时潜在的一个危险是：这个人如果是"机会主义者"，他就会先做很多好事骗取别人的信任，等得到大家的信任之后（信念固定了），再开始做"坏事"。

定。为什么从离散时间结构变为连续时间结构会有如此根本性的差别？关键原因是：从离散时间结构变为连续时间结构，并不单纯是数学方法的改变，而是改变了信息结构。在连续时间框架下，博弈参与人更加频繁地选择采取何种行动，这使得在各个时间段内得到的信息噪声会更大，使得在特定的信号结构（布朗运动）下，统计检测和惩罚策略可能失效。①

针对声誉短暂性问题，一些学者在不改变垄断市场框架下，提出了若干解决方案。Mailath 和 Samuelson（2001）假设厂商的类型可能会发生变化。如产品的品牌虽然是同一个，但具体负责运营的企业主却会发生变化。当前一个业主退出市场（如由于年龄原因）后，新的业主会买下原有品牌。消费者并不知道新业主的类型，甚至不知道业主变更的具体时间；但只要消费者知道存在业主变更的可能性就够了。这样一来，消费者的信念就不再是连续的变化了（虽然仍会是渐变的过程），也就不会收敛了。②但是这里的关键问题是模型依赖于不可观测的变量：消费者并不知道新业主的类型，甚至不知道业主变更的具体时间。如果消费者拥有这些信息，均衡机制就不成立③。后文我们还会看到：垄断竞争市场结构下，品牌交易的有效性并不需要如此强的假设。Liu（2011）则假设消费者获取历史公共信号是有成本的，而且要获取过去越长时间段的信号，成本越高；因此消费者获得多长时间段的信息，是内生决定的。在此情况下，垄断者的声誉将呈现出周期性变化：策略性厂商（普通类型）会逐

① Board 和 Meyer - Ter - Vehn（2013）进一步讨论了当信号遵从泊松分布（Poisson distribution）时，连续时间框架下的声誉动态学。

② 同一个品牌由不同的业主使用，这实际上就涉及集体声誉了。如 Bar - Isaac（2007），针对的也是 Holmstrom（1999）提到的代理人声誉的短暂性问题；因其关注的是声誉对企业组织形式（如合伙制、公司制）的影响，与市场结构问题并不直接相关，此处略去。

③ Jullien 和 Park（2014）进一步考虑了买者和卖者交易前沟通（cheap talk）对建立声誉的促进作用。

渐积累声誉，然后欺骗消费者一段时间，又重新积累声誉，如此往复；而且垄断者会将声誉积累到使消费者获取历史信息的最大时间长度正好不能显示垄断者的欺骗行为。对垄断者声誉短暂性问题的另一种解决方案是引入市场竞争，我们将在下一小节详述。

二　产品多元化与声誉

前面一直假设厂商仅可能生产一种产品（假设2）。如果放松这一假设，考虑厂商可以选择生产多种产品并决定多种产品是否使用同一个品牌的时候，就会有一些不同的结果。如厂商在维持声誉方面可能存在范围经济：当垄断者生产多元化产品时，其维持声誉的积极性将会增加；因为此时在任何一个产品上声誉的丧失都会影响到消费者对同一厂商其他产品的信任。

假设垄断者本来生产一种产品，并使用品牌 H，拥有很高的声誉；现在垄断者要引入一种新产品。垄断者面临的问题是：新产品是否同时使用品牌 H（如作为 H 的一个子系列）？如果是，则称垄断者进行了“品牌扩张”（brand extension）。关于品牌扩张的理论最早可追溯到 Wernerfelt（1988），该文表明在信息不对称的情况下，品牌扩张可以作为新产品质量的信号。Choi（1998）在纯粹逆向选择的框架下也证明了，垄断者推广新产品时使用品牌扩张的方法可以减少利用价格进行信号传递带来的损失。上述两篇文章的差别是，Wernerfelt（1988）假设品牌扩张本身存在成本（即如果新产品使用新品牌就不会存在此种成本），因此只有新产品确实是高质量的时候垄断者才会使用品牌扩张策略；而 Choi（1998）假设品牌扩张本身不存在成本，因此构建了一个“自我实现的均衡”（bootstrap equilibrium）：品牌扩张之所以能够传递高质量的信号是因为消费者认为如此；而消费者的这种信念在事后又被证明是正确的。[①] 另外，Andersson（2002）在纯粹道德风险的框架下证明了，在某些情况下，旧产品的生产和营销对于引进新产品是必要的，即不依托旧品牌，就不可能引进新产品（获得消费者的信任）。

一个有趣的问题是：是否存在最优的产品多元化程度？Cai 和 Obara（2009）分析了这个问题。[②] 考虑 N 个体验品市场，每个市场上有一个垄断者；为了集中分析声誉的影响，假设不同的市场是同质的、独立的，其间不存在需求溢出、规模经济等。那么从更好地维持声誉的角度看，这 N 个垄断企业是否应合并为一家企业？合并的好处是消费者现在将对 N 个独立市场的信号进行平均化，在技术不确定的条件下（付出高努力不一定生产高质量产品），平均化有助于增加信息的精确度；而且任何一个市场上声誉的丧失都会影响到其他市场，这种惩罚的加重虽然从事后（ex post）看对厂商不利，但从事前（ex ante）看有助于厂商获得消费者的信任。但另一方面，合并的坏处是，由于可以在多个市场上统一决策，垄断者偏离均衡策略（在所有市场选择高努力水平）的潜在方法也增多了。如只在一两个市场上偏离，同时在大多数市场上付出高努力，则信号平均化以后厂商的偏离变得更难检验了。权衡的结果是：当技术信号不够精确（如高努力时产生高质量的概率与低努力时产生高质量的概率之差很小）、厂商的眼光不够长远（贴现因子不是足够高）或高努力的额外成本比较大的时候，合并有利于维持声誉；反之，合并则是不利的。

---

① 因此，同时存在的另一种均衡是：消费者认为品牌扩张不能起到信号传递的作用，因此垄断者就不会使用品牌扩张；而垄断者不使用品牌扩张又在事后验证了消费者的信念。

② Cabral（2007）在垄断竞争的环境下分析了厂商的耐心程度（贴现因子）对最优品牌扩展策略的影响。

第三节 垄断竞争市场

本节假定存在无穷多个潜在的厂商和消费者。竞争性市场结构对声誉机制提出了一些特殊问题。一是与垄断市场比，消费者有了其他选择。在有无穷多个潜在厂商时，这种竞争的结果就简化为厂商长期利润为 0。如何协调声誉溢价与竞争性厂商长期利润为 0 之间的关系？这方面代表性的研究包括 Klein 和 Leffler（1981）、Shapiro（1983）、Allen（1984）等。二是在垄断条件下，假设厂商产品质量信号在下期成为市场上的公开信息，相对比较容易被人接受；但在竞争性条件下有无数家厂商，再假设每家厂商的产品质量信号都会成为市场公开信息，就不太自然了，即市场结构内生影响了信息结构。后来的文献如 Horner（2002）、Rob 和 Fishman（2005）等就较好地处理了第二个问题。

一 声誉溢价

在第一节中，我们已求出 $p \geq c/\delta$。假设竞争性市场使得每期价格均为 $p = c/\delta$，那么仍将存在正的总利润（所有期的贴现和）：

$$\frac{p-c}{1-\delta}=\frac{c}{\delta}$$

Klein 和 Leffler（1981）及 Allen（1984）对此的解释是：为进入市场，厂商需要额外付出一个固定成本 I。若令 $I = c/\delta$，则厂商的事前期望利润正好为 0。Shapiro（1983）则认为，厂商在第一期只能获得 0 价格，第二期才可以收取高价 $p = c/\delta$。这样，一个重视声誉的厂商在第一期将亏损 c；而从第二期开始的总利润贴现到第一期亦正好为 c，两相抵消，事前期望利润为 0。两种解释的差别在于，消费者福利不同。固定成本 I 可能是厂商为打开市场而支付的广告费等，消费者无法得到；但低价格的好处是由消费者得到。

从广义的角度看，“声誉溢价”还有另一种表现，即品牌交易与声誉的市场（the market for reputions）。关于品牌交易的思想最早可追溯到 Kreps（1990）对集体声誉的分析。通过重复博弈建立声誉要求厂商长期存在于市场上（至少要有这样的预期），即假设 1。这对于抽象的企业而言或许是合适的；但任何企业都是由寿命有限的代理人经营的，后者通常都只会做短期考虑。如何协调这一矛盾？是否就无法跳出第二节曾提到的静态无效率均衡？Kreps（1990）表明，企业（及品牌交易）正是将一次性博弈转化为重复博弈的制度安排。虽然代理人的寿命是有限的，但在代理人退出市场的时候，如果能同时交易其拥有的品牌，则代理人也会重视声誉。因为不重视声誉的话，其品牌就无法卖一个好价钱。Kreps（1990）提供的更多是一种经济学洞见，并没有建立严格的模型。这个工作由 Tadelis（1999，2002）完成。后者在一个世代交叠（OLG）的环境下严格证明了，在所有的均衡中，以好品牌（上期生产了高质量产品）为标的的交易一定会发生，且存在品牌溢价。与垄断市场类型（type）变化模型（Mailath 和 Samuelson，2001）不同的是，这里品牌交易是公开发生的。

二 市场竞争与声誉的持久性

解决第三节中提到的垄断者声誉暂时性的另一个途径是市场竞争。Horner（2002）指出：竞争的作用是使得特定厂商的收入不再连续的随消费者预期而变化，因为消费者可转向其他厂商；此时，一个厂商被认为有多好并不重要，重要的是它要被认为比对手更好。即竞争内生化了消费者的外部选择，从而可以更有效地约束厂商行为。

模型的基本设定与第三节相同，即放松假设 5 与假设 6。当厂商付出高努力时，生产高质量产品的概率为 $\alpha < 1$；当厂商付

出低努力时，生产高质量产品的概率为 β，且 $\alpha > \beta$。但是进一步做以下变动。

（1）厂商的两种类型：一种为坏类型，总是提供低努力。另一种为普通类型，若付出低努力，则成本为 0；若付出高努力，则成本为 $c \in (0, 1)$。厂商的类型为私人信息，博弈一开始时消费者仅知道厂商为普通类型的概率为 $\varphi_0 \in (0, 1)$。

（2）厂商和消费者都均匀分布在 $[0, 1]$ 区间上①，都是博弈的长期参与人。若某一期厂商失去全部消费者，则退出市场。

（3）信息结构。某个厂商 i 的顾客能看到厂商 i 的价格水平和以前的质量状况；但只能知道其他厂商的价格分布，看不到其他厂商具体的价格水平和质量状况。而且，厂商 i 的顾客一旦选择放弃，此后也看不到厂商 i 的价格水平和以前的质量状况。厂商能观察到是否有消费者愿意交易。

定义一个"竞争性均衡"为：厂商总是选择高努力且在第一期开始时的期望利润为 0 的完美贝叶斯均衡。则当付出高努力的成本 c 充分小、贴现因子 δ 充分大时，竞争性均衡总是存在的。

即使限定为仅考虑竞争性均衡，可能的均衡仍然有很多。但在任何竞争性均衡中的任何一期，运行中的厂商（没有退出市场的）只能是那些此前从未生产过低质量产品的厂商。也就是说，只要消费过低质量产品，消费者在下期就会离开，而不会原谅原厂商。这意味着消费者虽然是长期参与人，但在均衡中实际上是采取了"短视"的策略。直觉是，每个消费者通过离开生产过低质量产品的厂商并随机选择其他厂商，至少可以得到平均效用；而若所有消费者都至少可以得到平均效用，那结果一定是所有消费者获得相同的效用（因为有差别就一定有在平均线以下的消费者）。一言以蔽之，消费者这种"短视"策略的后果是：厂商只

---

① 此处只是一种形象的说法，并不是表明厂商之间（或消费者之间）存在水平差异或垂直差异。因此严格的说法应是：消费者和厂商都是测度为 1 的连续统。

要生产了一次低质量产品，就将失去全部消费者；因此不会偷懒。

另外，竞争性水平下，均衡中所有厂商在第一期只能得到的价格水平，第二期开始为正。随着时期的增加，均衡价格不断增加，并收敛到一个特定的常数。第一期的价格为负，以保证厂商的事前期望利润为0，同时又愿意维持高声誉，这一点与Shapiro（1983）是相同的。此后随着时间的流逝，幸存的企业越来越少，普通类型企业的比例越来越大（因为 $\alpha > \beta$），价格必然越来越高。这里由于引入了逆向选择，均衡价格不再是平稳的。

Horner（2002）模型的另一个优点是：价格由市场竞争力量内生决定，而且有贴近现实直觉的动态学特征：随着声誉的增长（生产高质量产品的次数越来越多），价格越来越高。当然，只要生产一次低质量产品，一切又戛然而止，从头开始。

上述基本模型还有一个不太令人满意的地方：均衡时每个厂商的顾客规模会以几何速率增长，进而厂商的后续总利润是发散的。Horner（2002）为此将模型扩展为同时包括企业的进入与退出，则可以解决上述问题；此处就不再详述了。

三　竞争环境下"口碑"的作用

对于垄断者，假设其历史产品质量会成为市场上的公开信息，这是相对自然的；但如果市场上有无数家厂商，假设每家厂商的质量或价格都是公开信息，就不太自然了。此时，因市场结构差异产生的信息结构差异，对声誉维持的可能性及具体机制就会产生影响。前述Horner（2002）解决这个问题的办法是假设某个厂商i的顾客能看到厂商i的价格水平和以前的质量状况；但看不到其他厂商具体的价格水平和质量状况，只能知道其他厂商的价格分布。

Rob和Fishman（2005）考察了另一种信息结构，即放松假设7，转而假设消费者存在信息差异。信息的传递机制是通过搜寻和匹配。每期结束时，仅在市场上停留一期的老消费者退出，并以一定的概率遇到一个新消费者，告诉后者自己从哪里购买了产品及该厂商的“状态”（此厂商称为“被推荐厂商”）。消费者也可以不到被推荐的厂商处购买，而是在其他厂商中搜寻（其他厂商称为“被搜寻厂商”）。搜寻过程是完全随机的，每个“被搜寻厂商”分配到相同测度的搜寻中的消费者。消费者是接受推荐还是搜寻，是内生决定的。在关于信息结构的这种设定下，Rob 和 Fishman（2005）用消费者基数的大小代表企业规模，在一个重复道德风险的框架下研究了企业规模与声誉的关系，给出了一些有趣的并很有现实意义的结论。该文不需要引入关于厂商的私人信息假设，就可以刻画品牌和声誉的动态变化；同时揭示了“口碑”在声誉机制中的作用（word - of - mouth reputation）。

仍然假设同期、同一企业内生产的产品或者都是高质量，或者都是低质量。厂商、消费者都均匀分布在［0，1］区间上。不同的是，放松假设 4，设任何一期厂商在质量上的投资成本是连续变量 x；投资成本是固定的，与产品数量无关。相应的放松假设 5，设投资为 x 时，产品是高质量的概率为f（x）。假设 f（x）为递增的、严格凹的函数，且存在某个最高的投资水平 $\bar{x}$，使得：$0 \leqslant x \leqslant \bar{x} < \infty$，f（$\bar{x}$） <1。消费者观察不到厂商的投资水平（类似于努力水平）。

定义厂商的“状态 t”为：该厂商从上一次生产低质量产品到现在的期数，如 t = 1 即上一期生产了低质量产品；t = 2 则为上期生产了高质量产品，但上上期生产了低质量产品。因此厂商的状态代表了其连续生产高质量产品的次数（t - 1），并成为其过去努力程度的内生信号。

放松假设 7，这表现在两个方面：

（1）消费者存在信息差异。信息的传递机制是通过搜寻和匹配。每期结束时，仅在市场上停留一期的老消费者退出，并以一定的概率遇到一个新消费者，告诉后者自己从哪里购买了产品及该厂商的“状态”（此厂商称为“被推荐厂商”）。消费者也可以不到被推荐的厂商处购买，而是在其他厂商中搜寻（其他厂商称为“被搜寻厂商”）。搜寻过程是完全随机的，每个“被搜寻厂商”分配到相同测度的搜寻中的消费者。消费者是接受推荐还是搜寻，是内生决定的。

（2）低质量的产品对消费者也产生一定的效用。则对于状态为 1 的厂商，其消费者全部为搜寻中的消费者。对任何状态 t（$t>1$）厂商，其消费者基数由两部分组成：一部分为分配到的相同比例的搜寻中的消费者，另一部分为通过老顾客推荐而来的消费者。

Rob 和 Fishman（2005）证明存在如下形式的均衡：厂商在质量上的投资（x_t）和其索要的价格（p_t）都是状态 t 的严格增函数；且消费者的最优搜寻规则为：存在一个内生的触发状态 $t^*>1$,[①] 使得仅当“被推荐厂商”的状态大于触发状态时，消费者才接受推荐；否则搜寻其他厂商。

由此可以推出厂商的增长动态学：当状态低于触发状态时，所有的厂商拥有相同的消费者基数（分配到相同比例的搜寻中的消费者）；当状态高于触发状态时，被推荐来的消费者将不断增多，持续增长到第一次生产低质量产品为止（由于生产的不确定性，这最终是不可避免的）。这进一步解释了为什么投资（x_t）是状态的严格增函数：高状态厂商的大批顾客及定高价能力来自此前长期的投资及一连串的运气，得之不易；因此一旦投资不足而生产了低质量产品，其所失去的将远远超过低状态厂商同样情况下的损失。即此时成功和失败的概率是自我增强的。而且可以发现，状态 t 厂商的相对比例随 t 递减：因为需要长期的成功才能达到更高的状态［由于 f（.）严格小于 1，越高状态出现的概

---

① 由一系列外生参数决定，因在原文中无显式解，这里不再详述。只需知道“触发状态”是某个内生的临界状态。

率越小]。

总之，Rob 和 Fishman 的模型预测：越老的品牌越会珍惜其来之不易的声誉，因此会加倍付出努力，其消费者基数大从而企业规模也更大；当然由于生产中的不确定性，一个行业内，越老的品牌所占的比例也越小。

第四节　寡头市场

与垄断市场或垄断竞争市场相比，关于寡头市场上声誉机制的研究文献出现得比较晚，而且数量也还很少。重要的原因是：垄断或垄断竞争正好是市场结构的两个极端情况，可以忽略厂商之间的策略性互动，只要重点观察厂商与消费者之间的互动就可以了。一旦涉及更现实的寡头市场，厂商之间的策略性互动问题就不可回避，这会大大增加分析的复杂性，甚至使模型缺乏良好定义。比如，从厂商类型（type）的角度理解声誉，厂商中可能既包括普通的策略性行为者，也包括承诺型（只会生产高质量产品或只会生产低质量产品），后者在一定程度上有非理性特征。那么如何描述厂商之间的策略性互动，尤其是价格竞争或价格合谋呢？

此外，第三节分析垄断竞争市场时提到，厂商只要生产了一次低质量产品，就将失去全部消费者并退出市场；而在寡头市场上，由于厂商数目有限，一般不会如此。

一　声誉的周转

Rob 和 Sekiguchi（2006）研究了寡头市场上的声誉周转现象。与 Rob 和 Fishman（2005）类似，放松假设 5。[①] 设厂商 i =

① 除放松假设 5 是必要的之外，这里对其他基本假设的放松不是关键性的，只是出于模型推导的方便。如努力水平或质量水平是连续的还是离散的，成本函数的具体形式如何（只要是凸的），并不改变基本结论。关键之处只是在于，由于放松了假设 5，生产中存在了不确定性，“周转均衡”机制才有了现实意义。

1，2 同时决定投资水平（隐藏行动，相当于努力水平）：$x_i \geq 0$（连续取值的）。相应的成本为 $c(x_i)$，假设成本函数是连续的、严格递增和严格凸的，且 $c(0)=c'(0)=0$；投资水平是固定成本，与产品数量无关，且消费者无法观察到。假设同一厂商生产的产品有相同的质量 q_i（连续取值），其决定方式如下：

$$q_i = x_i + \varepsilon_i$$

其中 ε_i 为 0 均值噪声项。对质量为 q 的产品，消费者获得的效用恰好为 q。因此当价格为 p 时其净效用为 $q-p$。

给定以上框架，Rob 和 Sekiguchi（2006）证明了，若 $c''(0)=0$，则对任意贴现因子 $\delta \in (0, 1)$，存在一种“周转均衡”，可描述如下。定义“在位厂商”为：投资某个正的数量 x_H 的厂商（具体数量由消费者信念决定）；“不在位厂商”为：不会进行任何投资的厂商。在第一期，所有消费者的信念为：厂商 1 为“在位厂商”，厂商 2 为“不在位厂商”。因此大部分消费者从厂商 1 处购买。① 在第一期末消费之后，若厂商 1 产品的质量水平高于某个临界值 $\bar{q}$，则第二期仍为“在位厂商”。否则，第二期时厂商 2 成为“在位厂商”，厂商 1 成为“不在位厂商”。在无穷期重复博弈中，“在位厂商”和“不在位厂商”的状态互换潜在的可以进行无穷多次。当然，还有另外一种均衡：第一期从厂商 2 开始。另外可以证明，均衡中的最大投资水平（x_H 的最大可能值）是厂商耐心程度（贴现因子）的增函数。

Rob 和 Sekiguchi（2006）的一个关键假设是对消费者信念的特殊限定，即消费者对产品质量的预期仅与上期质量信号有关，与价格水平无关。这样两个寡头之间就无法达成价格合谋，当信念给定时（由上期质量信号决定），价格竞争退化为静态环境下的竞争，大大简化了分析。

① 若消费者是同质的，则不会有消费者从厂商 2 处购买；若消费者为异质的，如收入水平不同，则厂商 2 通过制定较低的价格还是可以吸引到一部分低收入消费者。

二　声誉溢价与产品差异化的减小

差异产品市场上一个经典的模型是 Hotelling 模型（Hotelling，1929；d'Aspremont，Gabszewicz & Thisse，1979）。假设消费者连续分布在一条直线上，市场上两家企业首先选择厂址，然后进行 Bertrand 竞争。则两家企业将分别选址于直线的两端，各得到一半的市场。这个结果通常称为最大差异原则（principle of maximum differentiation），其作用在于减弱价格竞争引起的利润损失。但这个结果与现实中大量观察到的聚集现象并不相符，一般通过引入规模经济（Stahl，1982；Wolinsky，1983；Dudey，1990；Fischer 和 Harrington，1996）或重复博弈中的合谋（Jehiel，1992；Friedman 和 Thisse，1993；Bhaskar，1997）来解释。

Bester（1998）则提供了另一种解释。该文将 Hotelling 模型扩展到存在重复购买的双寡头体验品市场上（即放松假设 7，设消费者存在水平差异），证明了消费者对产品质量的不确定性引起的“声誉溢价”减弱了价格竞争，从而减少了企业追求产品差异化的动机。Bester（1998）的思路还可以应用到垂直质量选择问题上。Shaked 和 Sutton（1982）表明，若关于质量的信息是完美的，则将仅有两个企业进入市场；而且其中一个企业会提供次优的产品质量。其原因在于，企业希望利用垂直产品差异以减弱价格竞争。但当消费者关于质量的信息不完美的时候，按照与 Bester（1998）相似的逻辑推理可知：此种非效率的质量选择将不必要，可以有大量企业进入市场，消费者因此得到更多福利。

从所构建的模型本身来看，Bester（1998）有许多不自然的地方。如该模型假定企业在博弈一开始的时候所作的成本决策（选择高努力/高成本或者低努力/低成本）在此后消费者重复购买的各期都是固定的。因此消费者虽然在第一次购买之前不知道产品质量；但从第二次开始质量就是可见的了（没有不确定性、产品质量是一次性决定）。这样构建起来的实际上并不是一个标准的声誉模型。而且导致了与人们直觉相反的结果：文章所论证的最小差异（厂址）仅出现在当消费者重复购买的次数较少的时候。因为消费者很少的重复购买次数从效果上等价于厂商的贴现因子很小，从而为了维持一个好的声誉，必然要求价格远高于单位成本。这样，当两家企业都从边缘向中心移动时，它们面临的将是一个有限水平的价格战（太低的价格将不被消费者信任，会被解读为将生产低质量产品），从而企业向中心移动是可行的。而当消费者重复购买次数很多时，最大差异化仍然会是一个均衡。而且，会存在一些参数区间，上述两种均衡都有可能出现。另外，在 Bester（1998）中，生产技术是确定的，即付出高努力（高成本）一定生产高质量产品，付出低努力一定生产低质量产品。

三　寡头与其他市场结构比较

在分别研究了垄断、垄断竞争和寡头市场的声誉机制之后，自然浮现的问题是不同市场结构条件下声誉机制的比较。例如，从维持声誉的角度看，竞争是好事还是坏事？前文曾提到 Horner（2002）证明：竞争性市场可以克服垄断市场上声誉的短暂性问题。那么，在垄断与垄断竞争之间的中间状态呢？比如寡头市场与垄断、垄断竞争市场的比较。目前这方面的理论文献还比较少，限于完美监督重复博弈（repeated games with perfect monitoring）框架，即厂商付出高成本一定会生产高质量产品，付出低成本一定生产低质量产品。但有趣的是：几篇文献给出了不同的结论。

Kranton（2003）分析了厂商数目为 N≥2 但 N 有限时，厂商之间的策略性互动和竞争市场份额对维持声誉激励的影响。该文发现当厂商之间竞争市场份额时，如果降价能够导致市场份额的显著增加，生产高质量产品的非价格合谋均衡将不存在。因为当消费者对产品质量的预期仅与上期质量信号有关，与价格水平无关时，策略性价格竞争会侵蚀维持声誉所必需的“溢价”。由此得到的结论是：竞争对维持声誉起负面作用。该文以此解释欧洲普遍存在的行业协会自我管制。

Bar - Issac（2005）也发现了竞争程度与声誉之间的非单调关系，但具体结论却正好相反：只有竞争程度非常低或非常高时，厂商才更有激励生产高质量产品；中等程度的竞争最不利于厂商维持声誉。在 Bar - Issac 的模型中，N 家厂商同时选择产品数量和质量，不同厂商之间的产品有一定的替代性，替代性程度（外生）代表了竞争程度。价格由外生设定的、参数化的反需求函数决定。因此厂商之间进行的是异质产品的 Cournot 竞争。模型排除了价格合谋，即无论在信任期（厂商生产高质量产品）还是惩罚期（厂商缺乏声誉，仅生产低质量产品），价格战都普遍存在。

Dana 和 Fong（2011）在重复道德风险的框架下证明了：与垄断市场、垄断竞争市场相比，寡头市场上的厂商更有维持声誉的积极性，即适度竞争是有益于厂商维持声誉的。Dana 和 Fong 的结论依赖于厂商之间的价格合谋，寡头市场上的声誉均衡机制为：（1）在均衡路径上（on - the - equilibrium - path），厂商生产高质量产品且按合谋的价格出售产品，消费者的信念为：只要厂商按合谋价格出售，且上期生产了高质量产品，则预期厂商在本期会继续生产高质量产品。N 个寡头平分市场份额，市场份额是稳定不变的。（2）在非均衡路径上（off - the - equilibrium - path），若任何厂商偏离了均衡价格或质量，则在将来的所有期，都将生产低质量产品、实施价格战、获得零利润。（即降价也会被视作生产低质量产品的信号。）在这样的机制下，寡头市场比垄断或垄断竞争市场更容易维持声誉。垄断市场上，厂商即使失去声誉，也可以在低质量产品上维持垄断利润，因此消费者对垄断者的惩罚不够；而厂商数目越多，维持价格合谋的难度也越大，因此竞争程度与声誉之间呈现倒 U 形关系。

其实这三篇文献并不冲突。Kranton（2003）只是表明N≥2且有限时，若不允许价格合谋，则高质量均衡不存在；但垄断者或竞争性均衡仍可能维持高质量产品的生产，这样若以厂商数目代表竞争程度，则竞争程度与声誉之间将是 U 形关系。Bar - Issac（2005）用产品之间的可替代性代表竞争程度，也得出了类似的结论。而 Dana 和 Fong（2011）得出竞争程度与声誉之间呈倒 U 形关系的结论，恰恰是因为允许厂商之间的合谋。Dana 和 Fong 自己也认为，这是三篇文章的关键差别。不允许合谋，背后反映的是对消费者信念的特殊限定，即消费者对产品质量的预期仅与上期质量信号有关，与价格水平无关。只有放松这个假定，Dana 和 Fong 刻画的合谋机制才能起作用：若任何厂商偏离了合谋价格（均衡价格），消费者会认为厂商生产了低质量产品，而且从下期开始所有厂商都只会生产低质量产品，从而引发价格战。可见，在 Dana 和 Fong 的模型中，消费者实际上是帮助厂商实现合谋。

当然，Kranton（2003）的结论依赖于同质消费者假设。这样全体消费者或者偏好高质量产品，或者偏好低质量产品（依赖于价格水平）。如果允许消费者差异，结论可能会改变。

市场结构比较，不仅具有理论含义，也可能影响到竞争政策、反托拉斯法。例如，根据 Kranton（2003），竞争对维持声誉是有害的，因此行业协会的自我管制，包括对准入的控制就是应当的。而根据 Dana 和 Fong（2011）的结论，我们会不会质疑反托拉斯法对价格合谋的禁止呢？实际上，Dana 和 Fong（2011）意识到了这一点，专门安排一节比较高质量均衡和低质量均衡对消费者福利的影响，论证在特定参数下，消费者可能更偏好低质量均衡。以此表明不能从他们的文章简单得出对竞争政策的评价。最新一篇研究——Atkeson 等（2014）再次涉及了这个问题。Atkeson 等（2014）构建了一个厂商自由进入、退出的声誉一般均衡模型，表明征收准入税虽然可能扭曲价格，但可引导企业对声誉的投资，总体上是有益的。当然，该文实际上是在垄断竞争市场环境下得出的，与适度竞争促进声誉的命题并不冲突。

第五节　声誉机制的经验研究

关于市场声誉机制，经济学实证研究发现了一些有趣的现象。这些现象，有的得到了理论解释或部分理论解释；但也有一些尚无充分的理论模型具体说明其运作机制。（本节是选择性的，并未概括市场声誉机制的全部经验现象。）

一　声誉溢价

其他条件相同的情况下，市场主体的声誉度越高，则其出售的产品价格越高，这种现象称为“声誉溢价”。与之相联系的一个现象是：声誉度越高，则产品销量越高。“声誉溢价”现象符合人们的直觉，但给出严谨的证据或理论证明都不是易事，其中一个重要原因是很难定量测度经济主体的声誉度。

互联网交易提供了一个较好的例子。因为每笔交易完成之后，买卖双方都可以对对方做出评价并显示在交易网站上；这些评价累计成信用分数，其他潜在的交易者都能看到，从而信用分数就成了交易者声誉的较准确测度。Dewan 和 Hsu（2004）、Eaton（2002）、Houser 和 Woodes（2006）、Kalyanam 和 McIntyre（2001）、McDonald 和 Slawson Jr.（2002）、Leahy（2007）等很多实证研究利用 eBay 网站的交易数据，总体上证实了声誉溢价现象：得到正的信用评价次数越多，产品交易价越高；得到负的信用评价次数越多，产品交易价越低①。较新研究如 Mickey（2010）分析了 eBay 网站上 183 次 iPod Touches 交易，发现卖家收到的负面评价比例会显著影响交易价格。Cabral 和 Hortacsu（2010）使用 eBay 网站部分种类产品的动态面板数据，实证估计了卖家声誉的动态变化。并得到了以下几个基本发现：（1）当卖家第一次收到一个负面的反馈时，其每周的销售增长率从正的 5%跌落到负的 8%；（2）第二个负反馈到来的时间比第一个快 25%，并且其影响要小得多；（3）卖家声誉越低，越有可能退出，而且在其将退出之前的一段时间，其收到的负面反馈要超过其网上职业生涯的平均值。

国内学者关于互联网交易中声誉问题的实证研究也得出了类似的结论。例如周黎安等（2006）利用易趣网站提供的后台数据进行的研究表明，卖家的声誉评价一方面影响物品成交的价格，另一方面还对物品拍卖成功的概率有着显著的正面影响；且相对而言，卖家的声誉评价对后者的效果比对前者更显著。杨居正（2008）发现控制了风险态度和交易成本等因素之后，卖家的声誉水平对一口价的设定和执行具有显著的影响。李维安等（2007）通过对淘宝网“魔兽世界充值点卡”（一种网络游戏充值卡）的研究，表明声誉分数确实对销售量有正的影响，但这种影响是非线性的：存在两个临界点，低于下临界点，卖方信用度对卖家商品的销售量没有影响；高于上临界点，卖家商品的销售

① 一个典型的关于“声誉溢价”的估计方程为：

$$P = \alpha + \beta_1 \cdot PR + \beta_2 \cdot NR + \gamma X + \varepsilon$$

其中 P 为产品价格，α 为常数项，PR 为正面评价分数，NR 为负面评价分数；X 为控制向量，包括了除声誉外影响产品价格的其他变量；ε 为随机扰动项。关于声誉的变量中还可以引进正面评价的比例（但这样 PR、NR 中就要去掉一个变量）。我们感兴趣的是系数 β_1、β_2 的值。文中提到的实证估计结果也略有差别。大多数实证估计结果都显示 β_1 显著为正，但 Lucking - Reiley、Bryan、Prasad 和 Reeves（2007）、Eaton（2002）、Cabral 和 Hortacsu（2010）却表明 β_1 不显著。大多数实证结果表明 β_2 显著为负，但 Livingston（2002）却没有。关于网络交易中的声誉问题，较早期文献综述可参见 Bajari 和 Hortacsu（2004）。

量也不会随信用度的提高而进一步增加。

二　声誉机制的多样性

关于声誉机制的多样性，从前述 Cabral 和 Hortacsu（2010）以及李维安等（2007）对电子商务的经验研究，可见一斑。我们再来看航空运输业的例子。

经验研究中一般将航班延误的时间长短视作代表航空运输服务质量的典型信号。[①] 航空运输服务显然是体验品，因为消费者在购买机票的时候无法知道该次航班是否会准时到达。而在飞行之后，航班延误情况又是很容易为公众所知的公共信号：如航空业非常发达的美国有许多航空和运输网站提供平均的"准时"绩效（"on-time" performance），即一段时期内航班延误时间少于 15 分钟的比例。同时还提供关于价格、航次安排等详细信息。每个月，美国政府交通运输部（Department of Transportation）都会公开出版《空中旅行消费者报告》（*Air Travel Consumer Report*），其中包括航班延误的综合统计、行李错置情况、消费者抱怨情况等。交通运输统计局（Bureau of Transportation Statistics）还持有得出上述平均统计量的详细信息——这些信息亦可从其官方网站上公开免费得到。影响航班延误的因素是多方面的，有些因素航空公司可以控制，有些无法控制。无法控制的因素如飞行中的天气情况。恶劣的天气显然会导致航班延误。但是航班延误也可能是由于飞行前夕的例行检查发现飞机存在某些故障造成的，而这个问题本可以通过航空公司手头预备额外的、非计划的飞机，或者通过雇用更多、更专业的修理人员来缓解。当然，这样会增加航空公司的成本。因此航空公司在提供服务上存在道德风险：总可以将航班延误归结为天气原因。大多数民众（尤其是并非航班

---

① 航班延误也是乘客抱怨航空公司的最主要原因。参见 U. S. Department of Transportation（2008）。

延误时机上乘客的那些消费者），一般并不确切知道某天某个特定航班飞行途中的天气情况并准确判断其影响。[①]

经验研究表明，航空运输服务业中声誉机制确实发挥了作用。美国于1988年开始公开前述“准时”绩效等航行数据。Foreman和Shea（1999）通过对1988—1995年美国主要14家航空公司相关数据进行的计量分析发现：在实现绩效信息公开之后，市场产生了更好的绩效，服务质量增加、需求扩大。

经验研究结果所揭示出来的航空运输业声誉机制也是多层次、多样化的。

（1）通过消费者在航空公司之间的转换来实施惩罚。Suzuki（2000）利用美国Atlanta－O'Hare航线数据进行的经验分析发现：1990—1997年该条航线上主要航空公司市场份额的波动可以由“准时”绩效得到解释；平均而言，出现航班延误后，乘客下次更倾向于转换到另一家航空公司。

（2）有时使厂商彻底丧失声誉乃至退出市场是必要的。前述Foreman和Shea（1999）的计量分析还发现：在14家航空公司中，有4家于1988—1995年退出市场。[②] 而且这4家退出公司样本期间“准时”绩效的混合方差（pooled variance）统计上显著高于其他10家公司“准时”绩效的混合方差。

（3）不对称竞争模式。2000年之前，美国航空运输市场上主要是传统的网络航空公司（Network Carrier）在运作。这些公司有着复杂的“中枢—外围”式的运转平台，提供全面但高成本的空中服务。20世纪70年代出现了低成本航空运输公司（Low－Cost Carrier），通过增加同一飞机每日飞行时间与次数（因此减少了保养时间）、仅提供较低的舒适度（如减少座位空间）、收费餐饮等方式降低成本。2000年以后低成本航空公司成为网络航

---

① 当飞机推迟起飞时，即使是当次航班乘客，一般也缺乏专业知识判断是否当时的天气确实不宜起飞（除非遇到暴雨、暴雪等显然的恶劣天气）。

② 这4家航空公司分别是：Eastern、Pan American、PSA和Piedmont。

空公司的重要竞争者。[1] 在某条航线上可能是一家网络航空公司和一家低成本公司在竞争，呈现为不对称模式：因为消费者一般会认为前者提供的服务质量高于或等于后者，当然前者的价格也更高。

三　竞争与声誉的关系

基于不同行业的经验研究表明：竞争促进声誉。

以航空运输业为例，Mazzeo（2003）使用2000年美国50个主要机场的数据（包括超过800000个具体航班样本）进行的计量研究表明，当特定航线上只有一个航空公司提供一站式服务的时候，其航班延误的时间会显著的更长；增加竞争意味着更好的服务质量（“准时”绩效）。Greenfield（2014）、Rupp等（2006）、Foreman和Shea（1999）使用不同的样本，也得到了类似的结果。Franke（2004）、Bubaloa和Gaggerob（2015）等经验研究表明，LCC的出现对整个行业是有利的，包括增大了行业需求量、增加了效率（提高了准时绩效）等。

Domberger和Sherr（1989）发现，20世纪80年代英国放开了房地产交易相关法律服务的市场竞争，结果促进了服务质量的提升。

Elfenbein等（2015）利用在线数据实证研究了（英国）eBay网站对网络卖家质量认证的作用（“top rated seller”），表明越是在竞争性市场上，质量认证的正面作用越大，即竞争性越强，卖家越重视声誉。

四　声誉排名

在成熟市场经济中，企业声誉排名已经成为一种很普遍的为

---

① 2002年LCC已经占据了美国国内市场份额的9%和收入份额的24%，转引自Franke（2004）。

消费者提供信息的方式。例如美国的医院排名、共同基金排名（Morningstar）、汽车排名（J. D. Powers）、餐馆排名（Zagat）、债券排名（Moody）等。而且，各类《消费者报告》每年也为大量消费品牌排名。相当数量的经验研究表明，在许多行业中，排名确实对消费者决策产生了影响，并成为消费者约束企业行为的重要手段，其中一个著名的例子是医疗行业。《美国新闻与世界报道》从 1993 年起每年都会公布全美最好的 40—50 家医院排名及代表医院质量的绝对分数[①]。Pope（2009）利用美国老年医疗保险（Medicare）数据进行的经验估计表明：年度医院排名对医院的非急诊就医人数及收入有显著的正影响，而且在控制了医院排名变化之后，代表医院质量的绝对分数对个人就医选择没有显著影响；表明消费者会忽略医院质量的绝对分数，而仅关注相对排名。

第六节 信任品及其声誉机制

Dulleck 和 Kerschbamer（2006）用一个简单的模型系统总结了 Darby 和 Karni（1973）之后关于信任品的研究，已经是非常优秀的文献综述，因此本书不再详细综述相关文献，仅概略复述 Dulleck 和 Kerschbamer（2006）的基本结论，并讨论信任品研究中与本书最为相关的两部分内容——价格歧视和声誉机制。[②]

Dulleck 和 Kerschbamer（2006）考虑的信任品市场框架如下。消费者面临某问题需要解决，问题可能较轻也可能较严重。若问题较轻，则仅需简单处理（治疗）；若问题较重，则需复杂处理

① 当年公布的排名实际上是依据滞后 1—3 年的调查数据。虽然排名依据的指标较为复杂，但是 Pope（2009）表明，代表医院质量的绝对分数（排名的依据）可视作“医院声誉分数”（“口碑”）的一个线性变换。

② 中文关于信任品的理论模型较少。黄涛和颜涛（2009）基于某种疾病中严重患者所占比例的不同，分析了分离均衡和混同均衡，并考虑了消费者的知识搜寻决策对医疗信任品市场均衡的影响。

（治疗）。复杂处理的成本高于简单处理。复杂处理也可以解决简单问题，但简单处理无法解决复杂问题。消费者只知道自己面临的问题是严重问题的概率，但不知需要简单处理还是复杂处理；专家知道消费者需要复杂处理还是仅需简单处理即可。专家可能诱导消费者接受不必要的处理以获取更多利润，即“过度处理”（overtreatment），如医疗服务中的过度医疗；也可能仅推荐简单处理方法给面临严重问题的消费者，以获取更多利润，即“处理不足”（undertreatment）。这个基本框架包括四个基本假设。

（1）同质性假设（homogeneity）：所有消费者面临严重问题的概率相同，消费者偏好相同。

（2）承诺性假设（commitment）：一旦专家（信任品提供方）推荐了治疗方法，消费者承诺接受该专家处治疗。

（3）可追责性假设（liability）：如果消费者需要复杂治疗，专家不能推荐简单治疗。

（4）可验证性假设（verifiability）：专家不能在实际提供简单治疗的情况下，按复杂治疗向消费者收费。

Dulleck 和 Kerschbamer（2006）表明，只要满足同质性假设、承诺性假设，同时可追责性假设和可验证性假设至少满足一个，则信任品市场有效率，不会发生欺骗行为。因此后续研究都是考虑上述四个基本假设不满足的情况。本书第五章和第六章都放弃了同质性假设、承诺性假设、可追责性假设；第六章还进一步放弃了可验证性假设，即四个基本假设都不满足。（第五章满足可验证性假设。）

与本书第五章和第六章最相关的信任品研究文献包括两类。

一是信任品市场的价格歧视研究。Dulleck 和 Kerschbamer（2008）研究了一般意义上“信任品”市场的价格歧视问题，若将其应用到医疗服务领域，则结论如下：考虑消费者偏好存在差异的情况，即假设消费者对成功诊疗的效用评价不同，则当垄断者可以实施价格歧视时，评价高的患者得到有效率的诊疗，评价低的患者被诊疗不足（仅接受简单诊疗）；当垄断者无法实施价格歧视时，唯一的均衡是有效率的诊疗（或者有效率的诊疗加上对疾病诊疗效用评价较低的患者不就诊）[①]。与本书第五章的差别是，该文没有明确研究价格管制的影响，而且从该文看不出价格结构中诊费的重要性。虽然“垄断者无法实施价格歧视”可以被解释为受到了某种程度的价格管制，但是该文表明，此时不存在过度医疗；而该文恰恰表明是价格管制导致了过度医疗，而且过度医疗与诊疗不足可以并存。导致不同结论的关键原因是对消费者（患者）“承诺能力”（commitment power）的不同假设。Dulleck 和 Kerschbamer 满足前述承诺性假设，本书第五章则放弃了该假设。Fong（2005）考虑了可观察的消费者异质性对市场效率的影响，并证明异质性会导致专家的欺骗行为，此种欺骗构成了价格歧视的一种替代方式，而且专家是选择性欺骗。如专家会对高评价的或高成本的（同样是简单治疗，但成本更高）消费者过度诊疗。这里结论的关键是：专家可以直接观察到消费者异质性。而在本书中，消费者异质性是私人信息。

二是信任品市场的声誉机制研究。信任品文献中也有一些重复博弈模型，如 Ely 和 Valimaki（2003）构建的“坏声誉”模型，Frankel 和 Schwarz（2014）对汽车修理服务的研究等。它们与本书信任品声誉模型的差别主要有两点：（1）上述模型都假设了外生的（医院）收益函数，如复杂治疗的利润总是大于简单治疗（Frankel and Schwarz, 2014），或正确治疗的收益一定大于错误治疗（Ely and Valimaki, 2003）；因此其关注的重点是信任品市场有没有可能建立声誉机制（合作行为）。而从本书的模型可以看出，依据不同的价格水平，复杂治疗的利润可能大于也可能小

---

① 该文还考虑了消费者在病情严重程度的概率分布上存在差异的情况。若垄断者可以实施价格歧视，则此时均衡中会出现过度医疗：得轻病概率较低的患者总是得到有效率的诊疗，得重病概率较高的患者总是被过度医疗；若垄断者不能实施价格歧视，则唯一的均衡是有效率的诊疗（或者有效率的诊疗加上得重病概率较高的患者不就诊）。

于简单治疗。我们模型的重点是讨论价格机制（预付制、后付制），重复博弈只是背景框架。（2）尽管信任品理论框架可以容纳“不合理收费”问题，上述重复博弈模型都假设治疗过程是可验证的，消费者同质且每期消费者仅能观察到此前各期专家实施了简单治疗还是复杂治疗，治疗效果完全不可观察；本书信任品声誉模型（第六章）则研究治疗过程不可验证、治疗效果可以观察（但不可验证）、消费者异质的情况。

第七节　小结

针对体验品中的信息不对称问题，本章利用统一的分析框架，综述了关于不同市场结构（垄断、垄断竞争、寡头）下声誉机制的国外理论和经验文献。本章还讨论了信任品市场及其声誉机制的特殊性。通过文献系统梳理我们可以发现：

第一，市场结构对声誉机制很重要。这体现在，不同市场结构对厂商维持声誉的激励不同，而且声誉机制的具体表现形式也可能不同。从维持声誉的激励看，竞争性市场上消费者转换导致的信念更新过程不连续，可以解决垄断市场上声誉的暂时性；寡头市场甚至可能实现更高的效率，但是对此点还有争议，不同模型得出了不同的结论。从声誉机制的具体表现形式看，声誉溢价是中心议题之一，文献陆续解决了垄断竞争市场上“声誉溢价”如何与零利润协调，声誉溢价的动态学等问题以及广义上可视为声誉溢价的品牌扩张、品牌交易等内容。另一个重要议题是特定市场结构如何影响信息结构，进而影响声誉机制。此外，寡头市场上的周转均衡机制，寡头市场上价格合谋与声誉机制的关系，也都有鲜明的市场结构特色。

第二，对垄断和垄断竞争的体验品市场声誉机制，研究比较充分；但是，对于寡头市场上的声誉机制，研究还相对较少。难点是：要在研究厂商与消费者之间策略性互动关系的同时，研究厂商彼此之间直接的策略性互动，分析相对复杂，得出清晰的结论相对不容易。许多成熟的声誉理论模型甚至难以应用到寡头环境，如关于厂商类型的“承诺型”（commitment type）假设。就我们所见，仅5篇文献，而且其中4篇是基于完美监督重复博弈的框架；应用不完美公共监督重复博弈理论研究寡头市场上的声誉机制的，目前已发表的仅1篇理论文献。而且对于竞争与声誉的关系，尤其是寡头市场与垄断市场维持声誉的激励孰大孰小，已有理论文献给出了相互冲突的结论。相关研究有待进一步深入。

第三，理论与经验文献的比较。就体验品研究，我们发现关于声誉溢价的研究，理论与实证结合得比较好。Klein 和 Leffler（1981）、Horner（2002）、Rob 和 Fishman（2005）的理论框架结合起来，能够较好说明：随着声誉的逐步积累，厂商的产品可以销售的价格也越来越高。但是，如果仔细对照理论与经验研究结果，也可以发现：这些理论框架都预测，厂商一旦生产了低质量产品（公共信号跌到临界信号水平之下），一切会戛然而止，厂商彻底失去声誉，销量和价格都会出现非连续的显著下跌，这与经验结果不完全吻合。相对而言，Rob 和 Sekiguchi（2006）描述的周转均衡，预测当厂商数目相对较少时，消费者将来可能返回；该模型开启了描述声誉机制多样性的可能，但是在该模型中，厂商不会退出市场。这样，在声誉的戛然而止与声誉的周转之间，还缺乏中间环节。更重要的是，虽然多个经验研究表明竞争会促进声誉，但理论上还缺乏令人满意的解释。如前所述，Kranton（2003）和 Bar - Issac（2005）都预测，厂商之间的策略性竞争会损害声誉。Dana 和 Fong（2011）虽然证明适度寡头竞争有助于厂商维持声誉，但也依赖于厂商之间的合谋。由此引出的问题是：价格竞争会损害声誉吗？此外，对于声誉排名现象，尚未有重复博弈理论上的解释。总之，上节提到的许多基本经验现象，尚缺乏系统的理论解释。这些差距反映在理论的完整性上，就是学术界对垄断和垄断竞争的体验品市场声誉机制，研究比较充分；但是，对于寡头市场上的声誉机制，研究还相对较少。

第四，关于信任品市场声誉机制的研究还比较少，现有少数研究也是纯粹博弈论导向的，没有和市场价格机制结合起来。

第三章　寡头竞争、道德风险与声誉动态学*

第一节　引言

第二章在综述声誉机制的经验研究文献时，曾以航空运输业为例，阐述了声誉机制具体表现形式的多样性（三类）。例如：（1）通过消费者在航空公司之间的转换来实施惩罚；（2）有时使厂商彻底丧失声誉乃至退出市场是必要的；（3）不对称竞争模式。为什么声誉机制存在不同的具体表现形式？各自出现的条件是什么？这些多样化的形式可否用统一的模型解释？

这些问题更多是从现实提出的，但同样涉及纯理论上的一个疑问。已有研究曾在厂商方面既有逆向选择又有道德风险的框架里，刻画了声誉积累的动态过程。这些研究都依赖于某种程度的非理性：如假设有一定比例厂商不是策略性行为者，总会付出高努力或总会付出低努力；声誉机制表现为策略性厂商（根据成本—收益决定选择高努力还是低努力）模仿非理性厂商的行为，“声誉”具体量化为消费者的信念，即消费者认为生产高质量产

* 本章主要内容曾以《寡头市场、递归信念与声誉》为题发表于《世界经济》2009 年第 8 期，署名：杜创、蔡洪滨。

品的厂商是非理性厂商的概率。而且，这些研究主要是在垄断市场（只有一家厂商）或垄断竞争的环境里做出的。能否在纯道德风险的框架里刻画声誉的动态变化，尤其是声誉消失的动态过程，而且分析厂商之间策略性的价格竞争？

本章研究这些问题。基本分析框架是体验品（experience goods）的双寡头市场，其中厂商可以选择低努力水平或高努力水平生产。选择高努力时付出的成本更高，但更有可能生产高质量的产品。消费者无法观察到厂商的努力水平，仅在购买之后才能够观察到产品质量的一个不完美信号。同时，该信号即使可以传递给其他消费者（如通过网络、口耳相传等方式），也很难被法院等第三方验证，因此消费者在购买到低质量产品后难以诉诸法律索偿。静态博弈结果只会是低效率的，消费者不信任寡头厂商，厂商只会付出低努力。

考虑无穷期重复博弈环境，其中厂商是长期行为人，消费者是短期行为人，仅参与博弈一次。厂商的产品质量信息在下期开始成为市场上的公共信息。在此设定下，本章较完整地刻画了双寡头市场上的声誉机制。声誉机制中消费者行为的关键是其信念，而信念可能具有多种形式，且都可以“自我实现”成为均衡信念。如消费者可能首先相信两家厂商中的一家，认为该厂商会付出高努力生产产品，进而尝试购买。以后的消费者将针对该厂商采取触发策略：若该厂商一直生产高质量产品，则消费者继续从其处购买；否则，从下期开始消费者转而相信另一家。此后，如果另一家厂商也生产了很低的质量（由于生产和消费中的不确定性，这最终是难以避免的），则消费者将再也不相信任何厂商。这种分别相信两个厂商一次的信念可能构成均衡（状态 2 均衡）。除此之外，消费者还可能分别相信两个厂商两次、N 次乃至无穷次。我们发现，可以用一种递归的方式对上述多种可能的信念进行定义与归类（称为“递归信念”），并研究相伴随的均衡机制（我们称之为“递归信念均衡”）。

递归信念均衡体现了声誉发挥作用的基本机制：若受信任的厂商偏离到低努力，则当期可节省一定的成本，但下期失去声誉的概率将增大，若厂商足够耐心，则这种偏离得不偿失。值得指出的是，当消费者在未来还会相信厂商并且回来购买时，该厂商所面临的惩罚也相应降低了；为抵消惩罚的弱化，必然要求临界贴现因子更大（厂商更耐心）。另外相对于只被相信一次的情形，单个厂商的均衡利润会降低。但由于消费者的转换行为降低了行业总体的惩罚成本，两个厂商的总利润会增加。

本章假设产品质量信号是连续分布的（如正态分布），高努力更可能生产高质量产品表现为高努力导致的信号分布一阶随机占优于低努力导致的信号分布。在此假设下，消费者递归信念的转换机制就具体表现为质量信号与某个临界信号水平的比较。若质量信号高于临界水平，则消费者认为产品是高质量的；若质量信号低于临界水平，则消费者认为产品是低质量的。而在最优均衡中，这个临界信号水平是内生决定的。

我们对各种状态的递归信念均衡成立条件作了比较分析，仅利用一个纯粹道德风险（厂商方面）的框架就揭示了寡头市场上品牌与声誉的动态变化。如随着厂商还会被“原谅”（消费者在一段时期后再回来）的次数越来越少，均衡中的临界信号水平（使得消费者会转换到其他厂商的信号水平）会越来越低。即随着时间的推进，消费者对当前拥有声誉的厂商的质量信号会越来越“宽容”，越来越不敏感。但这并不是因为厂商的长期成功、声誉提高而引起的消费者信念方面的“惰性”[①]，而是因为厂商剩下的可被重新信任的机会越来越少了，这本身已经构成了越来越大的潜在惩罚。又如关于价格的动态学。虽然不论状态，受信任的厂商都收取相同的高价格，不受信任的厂商也收取相同的低价格；但是由于同一厂商会在受信任和不受信任的状态之间转

① 如同 Crips、Mailath 和 Samuelson（2004）所表明的那样。

换，价格也将随之出现周期性波动。同理，同一厂商的均衡收益也呈现周期性波动，且波动幅度会越来越大。

前文曾提到航空运输业声誉机制的三种表现形式，通过本章的理论分析可以发现，不对称竞争模式是最容易实现的声誉机制形式；其次是消费者在不同航空公司直接转换，但保留使航空公司彻底丧失声誉、退出市场的可能性；若只是转换航空公司、没有彻底退出机制，要使航空公司还愿意维持声誉，对市场参数的要求会比较高。

本章扩展了 Rob 和 Sekiguchi（2006）提到的双寡头市场“周转均衡”机制，将其一般化为“递归信念均衡机制”（当周转次数 N 趋于无穷大时就是 Rob 和 Sekiguchi 所谓的“周转均衡”了）。这种一般化并非简单的“稳健性检验”，而是可以因此刻画双寡头市场上厂商声誉的动态变化（不需要引入厂商方面的私人信息，仅利用道德风险框架）。另外，第二章曾提到 Rob 和 Fishman（2005）也仅利用纯粹道德风险框架刻画了品牌和声誉的动态变化，但其针对的是垄断竞争市场，描述了当信息传递是通过消费者口耳相传（搜寻、匹配）时，企业规模与声誉的关系。

下文的安排为：第二节介绍模型的基本设定，第三节分析了递归信念均衡的一般机制，第四节基于均衡机制分析了声誉的动态变化，第五节是小结，相关结论的数学证明见第六节附录。

第二节　模型设定

市场上有两家厂商，生产存在质量差异的某种产品。关于产品质量的信号 y_i 由下式决定：

$$y_i = e_i + \varepsilon_i \quad i = 1,\ 2 \tag{3.1}$$

其中 $e_i \in \{0,\ e\}$ 表示厂商 i 选择的努力水平（$e>0$），ε_i 为扰动项。假设 ε_i 服从均值为 0、方差为 σ^2 的正态分布。同一厂商有

相同的扰动项，不同厂商之间扰动项是独立同分布的。信号 y_i 可以直接就是产品质量水平，也可以包含消费者的主观评价。厂商的努力水平是隐藏行动。当厂商付出高努力水平 e 时，额外增加的成本为 $\Delta\pi>0$。为简单起见，假设 $\Delta\pi$ 与生产的产品数量无关。[①] 同时为集中分析道德风险问题，将与产品质量无关的其他成本标准化为 0。

消费者是测度为 1 的连续统。每个消费者对产品的需求为 0 或 1。厂商和消费者同时行动：厂商同时选择努力水平及产品价格，消费者选择是否购买及从哪一家厂商购买。[②] 消费者购买前可观察到价格，但不知道质量水平；购买之后信号水平 y_i 可被整个市场知晓：购买者通过使用体验到，并通过口耳相传、电子网络等方式传播到整个市场。但信号水平无法被法院等第三方验证（unverifiable），因此无法通过显式契约解决厂商道德风险问题。

从上边的设定可以看到，厂商在两个层次上存在竞争。一是声誉上的竞争，只有使消费者相信自己确实付出了高努力，才能获得更多的利润。因为高努力一般意味着高质量，从而可以收取更高的价格。二是价格上的竞争。

我们的模型具有一般性，适用于各种可能的市场环境。下面给出一个例子。

例 1：异质消费者：偏好差异

消费者的期望效用形式为：θv_i（$i=h, l$）。其中 v_h、v_l 分别表示当产品经过高努力、低努力生产时带给消费者的基本期望效用水平。消费者的保留效用为 0。$v_h-\Delta\pi>v_l>0$。$\theta\in(0, 1)$ 表征了消费者对质量的敏感程度，θ 值越高，则消费者愿意为高质量产品付出的价格也越高。假设消费者群体中 θ 值是均匀分布

① 假设 $\Delta\pi$ 与产品数量有关并不会改变基本结论，但是在系统考虑递归信念机制的情况下，会使分析复杂化。

② 也可以假设阶段博弈是扩展型的：消费者首先作购买决策，厂商再作生产及定价决策。两种设定没有本质差别。

的。θ 是消费者的私人信息，可视作消费者的类型。因此例 1 代表的是一个同时含有道德风险与逆向选择的环境。$v_l>0$，表明低质量产品也能带给消费者一定程度的效用，只是消费者愿意为此支付的价格更低。此时经过高努力和低努力生产的产品则可在平均意义上代表高档产品和低档产品。

上述阶段博弈中唯一的纳什均衡是消费者不信任厂商、厂商选择低努力。在例 1 中表现为市场上只会生产和销售低质量产品（经过低努力生产的），厂商只能收取较低的价格。因为一旦消费者选择相信厂商，则厂商的最优反应将是选择低努力（可以节省成本）。理性的消费者预计到这些，就不会相信厂商。这里无效率的来源是厂商的道德风险和质量水平的不可验证性。因为当产品质量可事前观察或事后验证的时候，“厂商选择高努力水平、消费者相信厂商”的社会最优状态显然是很容易实现的。[①]

现在考虑上述博弈重复无穷次的情形。令 $t=1, 2, 3, \cdots$ 表示时间。假设两家厂商长期存在于市场上，其共同贴现因子为 $\delta\in(0, 1)$。扰动项 ε_i 在各期之间独立同分布。消费者是短期行为者，仅购买一次（或者也可认为消费者是匿名的长期行为者），但每期消费者的测度保持为 1 不变。t 期两个厂商产品的信号水平可被 $t+1$ 期及以后各期消费者观察到，但仍无法被验证。这是一个不完美公共监督重复博弈，其中的公共信号为 y_i。在此类博弈中，一般仅考虑公共策略（public strategy）。公共策略是指：消费者的购买决策和厂商的成本、定价决策仅依赖于公共信号，与厂商的隐藏行动无关。而且由于信号是连续的，我们将不考虑混合行动（mixed action）。[②] 在重复博弈中，厂商选择策略（努力水平及价格）以追求长期期望利润最大化；消费者则追求当期

① 如质量水平可以事后验证时，则只要法律系统完备，通过一个基于产品质量的正式契约就可以解决问题。

② 参见 Abreu、Pearce 和 Stacchetti（1990）及本书附录。

净效用最大化。相应的均衡概念为完美贝叶斯均衡。[①] 关于本模型中策略、信念、历史、完美贝叶斯均衡概念等的严格表述，参见第六节。

第三节 均衡机制

现实中消费者的信念有多种可能，且都可以自我实现并成为均衡。比如消费者还可能首先相信两家厂商中的一家，如果事后的概率推断指向对该厂商不利的方面，则消费者转而相信另一家；如果另一家厂商也生产了很低质量的产品，消费者将再也不相信任何厂商。这种分别相信两个厂商一次的信念也可能构成均衡。再有，消费者还可能分别相信两个厂商两次、N 次乃至无穷次。我们发现，可以用一种递归的方式对上述多种可能的信念进行定义与归类，并研究相伴随的均衡机制。我们首先给出递归信念的正式定义。

定义 3.1：一个递归信念 s（$0\leqslant s\leqslant\infty$）包括下述状态 s 到状态 1。

（i）状态 s：所有消费者认为只有一家厂商（如厂商 1）将付出高努力。若当期实现的公共信号高于某个临界水平 k_s，则下期仍停留在状态 s；若当期实现的公共信号低于 k_s，则下期进入状态 s-1。称被信任的厂商为“在位厂商”，另一家厂商为“不在位厂商”。记状态 s 时二者的均衡收益（贴现平均的期望收益）依次为 v_s、w_s。

（ii）状态 s-1：所有消费者认为只有另一家厂商（如厂商 2）将付出高努力。若当期实现的公共信号高于某个临界水平 k_{s-1}，则下期仍停留在状态 s-1；否则下期进入状态 s-2（厂商

① 对于不完美公共监督重复博弈，可以使用的均衡概念包括序贯均衡（SE）、完美贝叶斯均衡（PBE）和完美公共均衡（PPE）。但在本书的模型框架中，三者实际上是等价的。参见 Fudenberg 和 Levine（1994）、Fudenberg、Levine 和 Maskin（1994）。

1 再次成为在位厂商）。则状态 s - 1 时在位厂商和不在位厂商的均衡收益依次为 v_{s-1}、w_{s-1}。

（iii）状态 0：所有厂商都不被信任。厂商收益组合为（v_0，w_0）。

上述定义意味着消费者在状态 s，s - 2，…相信一家厂商，在状态 s - 1，s - 3，…相信另一家厂商。v_1，v_2，v_3，…分别表示状态 1，2，3，…中在位厂商的均衡收益，w_1，w_2，w_3，…分别表示状态 1，2，3，…中不在位厂商的均衡收益。为表述方便，我们称带有递归信念的完美贝叶斯均衡为递归信念均衡，其正式定义如下。

定义 3.2：递归信念均衡是消费者采取递归信念、行业利润达到最大的完美贝叶斯均衡。

若某个递归信念均衡中消费者的初始信念为状态 s，我们简称该均衡为“状态 s 均衡”，相应的临界贴现因子（使均衡存在的最低贴现因子）记为 δ_s^*。根据递归信念的定义，显然若“状态 s 均衡”存在，则对任何 $s' < s$，“状态 s′均衡”亦存在。因此使得各状态均衡存在的最低贴现因子 δ_s^* 是 s 的非减函数。

根据第二节中的模型设定，显然对于任何贴现因子，厂商不被信任、仅付出低努力总可能构成均衡（静态博弈纳什均衡的重复）。如果市场环境由例 1 描述，则有多种可能的均衡。一种情况是厂商之间不存在价格合谋，则 Bertrand 竞争的结果将是两家厂商都只付出低努力，并得到零利润（价格等于低努力的成本）。另一种情况是存在价格合谋，则两家厂商付出低努力，但获得正利润。为简化起见，以下我们仅考虑不存在价格合谋的情况。如果存在价格合谋，分析是类似的，但并不能带来更多有趣的结果，只是徒增技术上的烦琐。

递归信念均衡机制的一个一般性质是价格决策和成本决策的可分离性。给定任何状态 s（$s \geqslant 1$），设在位厂商的单期收益为 π_h，不在位厂商的单期收益为 π_l。可分离性意味着当不存在价格合谋时，π_h、π_l 的具体值与状态 s 无关（只要 $s \geqslant 1$）。

均衡中，在位厂商和不在位厂商之间进行价格竞争。厂商的价格决策会影响需求量，但由于厂商付出高努力的成本与产品数量无关，价格决策和成本决策实际上是可分离的：价格决策会影响当期收入，但不会影响消费者信念；成本决策会影响消费者信念，但不会影响当期收入。因此我们的分析可以分两步进行：首先给定在位厂商选择高努力的激励条件是被满足的，研究厂商的价格决策；然后给定均衡价格，研究使得在位厂商选择高努力的条件。

设在位厂商的单期收益为 π_h，不在位厂商的单期收益为 π_l。则在例 1 中，消费者从在位厂商还是不在位厂商处购买取决于价格，因此存在价格竞争。设在位厂商和不在位厂商的定价分别为 p_h、p_l。此时，标准的产业组织理论告诉我们，单期价格博弈的纳什均衡具有如下形式：[①]

（i）类型为 $\theta \geqslant \theta_h$ 的消费者从在位厂商处购买；

（ii）类型为 $\theta_l \leqslant \theta \leqslant \theta_h$ 的消费者从不在位厂商处购买；

（iii）类型为 $\theta \leqslant \theta_l$ 的消费者不购买。

其中 θ_h、θ_l 的值是内生的。θ_h 由以下无差异条件（从在位厂商或不在位厂商处购买无差异）决定：$\theta_h v_h - p_h = \theta_h v_l - p_l$。$\theta_l$ 则由以下无差异条件（不购买或从不在位厂商处购买无差异）决定：$\theta_l v_l - p_l = 0$。

进而，在位厂商选择价格 p_h 以最大化单期利润：

$$\pi_h = \max_{p_h}\left[\left(1 - \frac{p_h - p_l}{v_h - v_l}\right)p_h - \Delta \pi\right]$$

不在位厂商选择价格 p_l 以最大化单期利润：

$$\pi_l = \max_{p_l}\left[\left(\frac{p_h - p_l}{v_h - v_l} - \frac{p_l}{v_l}\right)p_l\right]$$

---

① 参见 Tirole（1988）。

解一阶条件立即可得均衡价格为：

$$p_h = \frac{2v_h(v_h - v_l)}{4v_h - v_l}, \quad p_l = \frac{v_l(v_h - v_l)}{4v_h - v_l} \tag{3.2}$$

从而均衡的单期利润为：

$$\pi_h = \frac{4v_h^2(v_h - v_l)}{(4v_h - v_l)^2}, \quad \pi_l = \frac{v_h v_l(v_h - v_l)}{(4v_h - v_l)^2} \tag{3.3}$$

根据递归信念均衡的定义，消费者采取递归信念（$s \geqslant 1$）应是理性的。问题的关键是：给定消费者和不在位厂商的均衡策略，在位厂商选择高努力是最优的。下面我们就来看在位厂商面临的权衡。与上一节类似，在位厂商的平均收益 v_s 可分解为当期收益与后续收益的加权和，权重为贴现因子：

$$v_s = (1-\delta)\pi_h + \delta\{[1-\Phi(k_s)]v_s + \Phi(k_s)w_s - 1\} \tag{3.4}$$

式（3.4）右边第一项表示在位厂商被信任并选择高努力的当期收益，第二项表示选择高努力的后续收益。其中 $k_s \equiv \frac{y_s - e}{\sigma}$ 是标准化了的临界信号水平，$\Phi(\cdot)$ 表示标准正态分布函数。$\Phi(k_s)$ 是在位厂商选择高努力时，信号水平仍低于 k_s，从而下期转到状态 $s-1$ 的概率；$[1-\Phi(k_s)]$ 是下期仍持续状态 s 的概率。注意到状态 s 时的在位厂商在状态 $s-1$ 时是不在位厂商。

相应的，要使得在位厂商选择高努力是最优的，应满足如下的激励相容条件：

$$v_s \geqslant (1-\delta)(\pi_h + \Delta\pi) + \delta\left\{\left[1-\Phi\left(k_s + \frac{e}{\sigma}\right)\right]v_s + \Phi\left(k_s + \frac{e}{\sigma}\right)w_{s-1}\right\} \tag{3.5}$$

若在位厂商偏离到低努力，则当期可节省成本 $\Delta\pi$，但下期从状态 s 转变到状态 $s-1$ 的概率将从 $\Phi(k_s)$ 增加到 $\Phi\left(k_s + \frac{e}{\sigma}\right)$。式（3.5）意味着这种偏离得不偿失。

另外，在状态 s，不在位厂商没有激励问题，只是一个被动的等待者：等待在位厂商的失败。其平均收益满足：

$$w_s=(1-\delta)\pi_l+\delta\{[1-\Phi(k_s)]w_s+\Phi(k_s)v_{s-1}\} \tag{3.6}$$

若已知状态 s-1 均衡中 v_{s-1}、w_{s-1}的值，则通过式（3.4）、（3.5）、（3.6）可求解状态 s 均衡收益。由于式（3.4）可等价写成：

$$v_s=\frac{(1-\delta)\pi_h+\delta\Phi(k_s)w_{s-1}}{1-\delta+\delta\Phi(k_s)} \tag*{(3.4)′}$$

将式（3.4）′代入式（3.6）立即可以得到下面的命题：

命题3.3：存在 $\delta_s^*<1$，使得当 $\delta\geq\delta_s^*$ 时，状态 s 均衡总存在。且 k_s 是方程（3.7）中较小的一个解：

$$\frac{\Phi\left(k_s+\dfrac{e}{\sigma}\right)-\Phi(k_s)}{\tau_s}-\Phi(k_s)=\frac{1-\delta}{\delta} \tag{3.7}$$

其中$\tau_s\equiv\Delta\pi/(\pi_h-w_{s-1})$，$\delta_s^*$ 是 $k_s=-\dfrac{e}{2\sigma}-\dfrac{\sigma\ln(1+\tau_s)}{e}$时使式（3.7）成立的 δ。

命题 3.3 中我们使用了递归的方法：反复使用式（3.4）、（3.5）、（3.6），其中式（3.5）取等号；则由状态 0 均衡可求出状态 1 均衡，再以之为基础可求出状态 2 均衡；进而以状态 2 均衡为基础求出状态 3 均衡，以此类推。将式（3.7）看作关于 k_s 的方程，则使得该方程有解的最小贴现因子为临界贴现因子 δ_s^*。这可以通过选择 k_s 使式（3.7）左边最大化得到。简单的求导运算表明，式（3.7）的左边在 $k_s=-\dfrac{e}{2\sigma}-\dfrac{\sigma\ln(1+\tau_s)}{e}$时达到最大；进而可以求出相应的 δ_s^* 值。当 $\delta\geq\delta_s^*$ 时，式（3.7）一般有两个解，均衡中的 k_s 将是其中较小的一个。

第四节　动态学

命题 3.3 给出了与状态 s 均衡相关的临界贴现因子和临界信号水平。另外一个值得关注的变量是与状态 s 均衡相关的行业总利润。记 $J_s \equiv v_s + w_s$ 为状态 s 均衡中贴现平均的行业总利润。显然 $J_s \leqslant \pi_h + \pi_l$。$J_s$ 如何随 s 变化？因为式（3.6）等价于：

$$w_s = \frac{(1-\delta)\pi_l + \delta\Phi(k_s)v_{s-1}}{1-\delta+\delta\Phi(k_s)} \tag{3.6'}$$

将（3.4）′与（3.6）′两式相加可得：

$$J_s = \frac{(1-\delta)}{1-\delta+\delta\Phi(k_s)}(\pi_h + \pi_l) + \frac{\delta\Phi(k_s)}{1-\delta+\delta\Phi(k_s)}J_{s-1} \tag{3.8}$$

即对任意 $\delta \geqslant \delta_s^*$，状态 s 均衡中 J_s 是相同贴现因子下状态 s - 1 均衡行业总利润 J_{s-1} 与（$\pi_h + \pi_l$）的严格凸组合。这不难理解：从行业整体来看，若当前处于状态 s，则下期或者重复原状态，或者转到状态 s - 1（行业总利润为 J_{s-1}）。又当 $s < \infty$ 时，$J_{s-1} < \pi_h + \pi_l$；所以由式（3.8）可知 $\pi_h + \pi_l > J_s > J_{s-1}$。从而 J_s 是一个严格递增且有界的数列。这意味着消费者相信厂商的次数越多，则均衡路径上的惩罚成本越小、行业总利润越大。更一般的，我们有下面的结论。

命题 3.4：给定状态 s 均衡存在，则：

（i）行业总利润 J_s 是 s（$s \geqslant 1$）的严格增函数且 $J_s = (\pi_h + \pi_l)(1 - b_s)$；

（ii）在位厂商的均衡利润 $v_s = \pi_h - a_s$；

其中 $a_s = \dfrac{\Delta\pi\Phi(k_s)}{\Phi\left(k_s + \dfrac{e}{\sigma}\right) - \Phi(k_s)}(s \geqslant 1)$；

$$b_s = \prod_{n=1}^{s} \frac{\delta\Phi(k_n)}{1-\delta+\delta\Phi(k_n)} < 1(s \geqslant 1)。$$

命题 3.4 表明，均衡时的行业总利润和在位厂商的利润都可以表示为没有不对称信息时的利润水平（$\pi_h + \pi_l$ 或 π_h）减去某个代理成本。由于 $\dfrac{\delta\Phi(k_n)}{1-\delta+\delta\Phi(k_n)} < 1$，则 b_s 是 s 的减函数，$\lim\limits_{s\to\infty} b_s \to 0$。

什么时候状态∞均衡可以出现？命题 3.3 和命题 3.4 是否意

味着其对应的临界贴现因子会增加到1？由命题3.3：$v_{\infty}=\pi_h-\frac{\Delta\pi\Phi(k_{\infty})}{\left[\Phi\left(k_{\infty}+\frac{e}{\sigma}\right)-\Phi(k_{\infty})\right]}$，$J_{\infty}=\pi_h+\pi_l$。从而 $w_{\infty}=J_{\infty}-v_{\infty}=\pi_l+\frac{\Delta\pi\Phi(k_{\infty})}{\left[\Phi\left(k_{\infty}+\frac{e}{\sigma}\right)-\Phi(k_{\infty})\right]}$，$\tau_{\infty}=\Delta\pi/(\pi_h-w_{\infty})$。将 τ_{∞} 代入式（3.7）并化简即得：

$$\frac{\Phi\left(k_{\infty}+\frac{e}{\sigma}\right)-\Phi(k_{\infty})}{\Delta\pi/(\pi_h-\pi_l)}-2\Phi(k_{\infty})=\frac{1-\delta}{\delta} \tag{3.9}$$

按照与命题3.3的证明同样的思路（我们略去详细推导过程），可知存在 $\delta_{\infty}^{*}<1$，使得当 $\delta\geqslant\delta_{\infty}^{*}$ 时，$J_{\infty}=\pi_h+\pi_l$ 可被均衡支持。这意味着，当厂商足够耐心的时候，道德风险问题可以完全被解决，从行业整体的角度看，代理成本减小到0。Rob 和 Sekiguchi（2006）在厂商的成本选择是连续的情况下得出了类似的均衡机制（“周转均衡”）。但是，我们的分析表明，当可供选择的努力程度（成本）是离散的情况下（比如只有高努力和低努力两种选择），“周转均衡”的成立要求厂商足够耐心（$\delta\geqslant\delta_{\infty}^{*}$）；若厂商只有中等的贴现因子，如 $\delta_1^{*}<\delta<\delta_{\infty}^{*}$，则“周转均衡”并不成立，必须要有彻底丧失声誉的威胁才能激励厂商选择高努力——即命题3.3和命题3.4所刻画的状态s均衡（$s<\infty$）。产生差别的原因是：在可选择的成本水平是连续的情况下，即使贴现因子很小，只要严格大于0，厂商总会付出一点点努力（当然达不到社会最优的努力水平）；但当可选择的成本水平不连续的时候，高努力和低努力之间的成本差别可能会太大了，以至于当贴现因子很低的时候，干脆选低努力会是最优的。

根据命题3.4，不难得到下面的比较静态分析结果。

命题3.5：在状态s均衡中，

（i）不在位厂商的均衡收益（w_s）是s（$s\geqslant1$）的严格增函数；

（ii）在位厂商的均衡收益 v_s 是 s（$s \geqslant 1$）的严格减函数；

（iii）临界信号水平（k_s）是 s（$s \geqslant 1$）的严格增函数；

（iv）临界贴现因子（δ_s^*）是 s（$s \geqslant 1$）的严格增函数。

上述收益（利润）均是指贴现平均的期望收益（利润）。s 越大，则在位厂商一旦表现不好，被暂时惩罚后还可以再次成为在位厂商的机会就越多$\left[\text{还有}\left(\frac{s-2}{2}\right)\text{次}\right]$；因此总的惩罚就减弱了。为抵消惩罚的弱化，必然要求临界贴现因子更大（厂商更耐心）、临界信号水平更高（更容易失去"在位厂商"的地位）；因此 δ_s^* 和 k_s 是 s 的增函数。进而由命题 3.3，v_s 是 s 的减函数，再由 J_s 是 s 的增函数及 $J_s \equiv v_s + w_s$，可知 w_s 亦是 s 的增函数。

命题 3.5 揭示了关于厂商声誉的很有趣的动态学。当我们考虑现实中博弈的时序，则对任何状态 s 均衡，必然是首先经历状态 s，然后进入状态 s－1，s－2，…，1，0。这样随着状态的推进，均衡中的临界信号水平会越来越低。即消费者对在位厂商的质量信号会随着时间推进越来越"宽容"、越来越不敏感。但这并不是因为厂商的长期成功、声誉提高而引起的消费者"惰性"；而是因为在位厂商剩下的"在位"机会越来越少了，这本身已经构成了越来越大的潜在惩罚。

从状态 s 到状态 1，随着状态的推进，在位厂商平均的后续均衡收益是逐渐增加的。看起来这似乎与同一过程中厂商暂时失去的消费者再回来的次数越来越少相矛盾。其实并不冲突，却很好地体现了"事前"（ex ante）与"事后"（ex post）的区别。虽然从"事后"（实现了一个低信号后）看，消费者回来的次数越多越好；但是从"事前"激励的角度看，消费者回来的次数却是越少越好。① 而我们计算的后续均衡收益正是"事前"的期望收

---

① 根据重复博弈的一般理论，事后惩罚越重，则事前激励效应越好，事前期望收益越高。参见 Abreu（1988）。

益。当然，从状态 1 到状态 0，随着声誉的最终失去，在位厂商的均衡收益又出现一次性减少。因此总的过程呈现出非单调性。

另外，行业总利润是 s 的增函数。这意味着从状态 s 到状态 1，随着状态的推进，行业总利润是递减的。原因在于消费者通过在厂商之间转换来实施惩罚的剩余次数越来越少了（转换本身不改变行业总利润），而厂商彻底丧失声誉的威胁在惩罚中所占的比重越来越大了。在同一过程中，不在位厂商的均衡收益是递减的，因为不在位厂商的收益主要来自等待，等待现有在位厂商失败，自己成为在位厂商并获得高收益。而随着状态从 s 逐渐推进到 1，这种机会是越来越少了。

如果考虑同一家厂商，则从状态 s（s > 1）到状态 1 的推进过程中，第一：其贴现平均的均衡收益存在周期性波动，且波动幅度越来越大。因为状态 s 时的“在位厂商”，在状态s − 1时将成为“不在位厂商”，但在状态 s − 2 时又重新成为“在位厂商”……而在这一过程中，“在位厂商”的收益是逐渐增加的，不在位厂商的收益是逐渐减少的。（如图 3 − 1 所示）相应的一个可检验的含义是：厂商在经历质量危机后，资本市场的反应：公司价值短期下降，但一段时间后又会回升；在破产之前，公司价值会存在剧烈的波动。

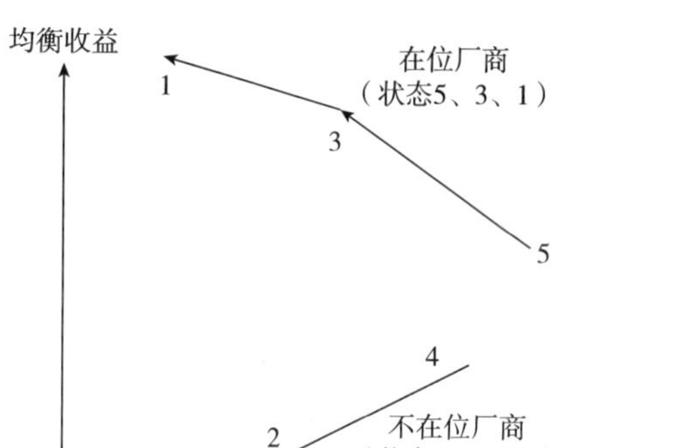

（i）同一寡头作为“在位厂商”和“不在位厂商”时的均衡收益（s=5）

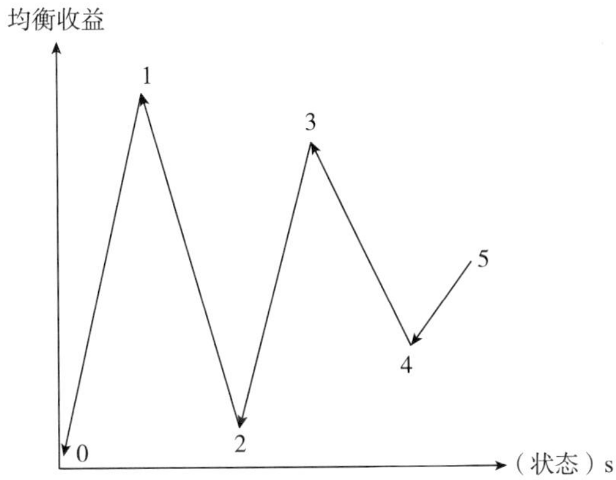

（ii）同一寡头均衡收益的波动（s=5）

图 3-1　同一寡头均衡收益的波动

第二，产品价格亦呈现周期性波动。虽然不论状态，在位厂商都收取相同的高价格，不在位厂商也收取相同的低价格；但同一厂商将依次经历“在位厂商……不在位厂商……在位厂商……”的地位，因此均衡中其产品价格也随之波动。

第五节　小结

本章应用不完美公共监督重复博弈理论，完整刻画了双寡头体验品市场上一类完美贝叶斯均衡机制——递归信念均衡，可以解释现实中声誉机制的多样性；而且仅利用一个纯粹道德风险（厂商方面）的框架就揭示了寡头市场上品牌与声誉的动态变化。

本章留下的疑问是：递归信念均衡中，双寡头市场重复博弈的每期只有一家厂商受到信任。有没有可能出现两家厂商都拥有声誉的情况？下一章将描述这种情况出现的具体市场特征。

第六节　相关结论的数学证明

一　博弈的完整描述

公共历史。定义 t 期开始时的公共历史为（y^{t-1}，p^t），其中 y^{t-1} = $\{y_1, y_2, \cdots, y_{t-1}\}$，$p^t$ = $\{p_1, p_2, \cdots, p_t\}$ 分别为到 t－1期和 t 期的公共信号和价格路径。且对 n＝1，2，…，t－1，y_n =（y_{1n}，y_{2n}）是 n 期的公共信号向量，其中 y_{1n}、y_{2n}分别表示厂商 1 和厂商 2 在第 s 期实现的公共信号。类似可定义 n 期的价格向量 p_n。到 t 期为止所有可能的公共历史的集合记为（Y^{t-1}，P^t）。

消费者的信念。给定 t 期公共历史（y^{t-1}，p^t），消费者形成关于厂商 i（i＝1，2）在 t 期会采取何种行动的信念，即选择高努力或低努力的概率：prob（$e_{it} = e \mid y^{t-1}$，p^t）及 prob（$e_{it} = 0 \mid y^{t-1}$，p^t）。由于每个厂商仅有两种可能的行动选择，信念一定满足：

$$prob(e_{it} = e \mid y^{t-1},\ p^t) + prob(e_{it} = 0 \mid y^{t-1},\ p^t) = 1$$

而且，在完美贝叶斯均衡中，信念应该是一致的（consistent），即自我实现的（self－fulfilling）。除这两个限制外，消费者的信念是任意的，因此可能有多种形式。比如信念仅与 y^{t-1}有关，或仅与 p^t 有关。

本章定义的递归信念状态相当于消费者的信念采取一种特定的形式。只要价格在可承受的范围内，则消费者信念与价格无关，仅与上期的信号水平有关。即若 t－1 期处于状态 s，在位厂商为 i（i＝1，2），不在位厂商为 j（j＝1，2；j≠i），则 t 期信念为：

$$prob(e_{i,t} = e \mid y^{t-1},\ p^t) = \begin{cases} 1 & 若\ y_{i,t-1} \geq y_s \\ 0 & 若\ y_{i,t-1} < y_s \end{cases}$$

$$prob(e_{j,t}=e \mid y^{t-1},\ p^t)=\begin{cases}0 & 若\ y_{i,t-1}\geqslant y_s\\ 1 & 若\ y_{i,t-1}<y_s\end{cases}$$

消费者的公共策略。给定公共历史和信念，消费者在 t 期的策略是从（Y^{t-1}，P^t）到［0，1］区间的一个映射：m_i（Y^{t-1}，P^t）。其中 m_i 是从厂商 i 购买产品的概率。一个最优策略按如下方式形成：消费者在 t 期选择从厂商 i（i=1，2）购买以最大化其期望净效用（扣除价格之后）。若对 i=1，2，消费者的期望净效用均为负，则退出市场。若在买与不买之间无差异时，会选择购买（否则会导致一个平凡的均衡：所有期都不购买，市场不存在）。若在厂商 1 与厂商 2 之间购买无差异时，则 $m_i\in$［0，1］都是可行的①。消费者的最优策略决定了市场需求 m_{it}。

给定公共历史和消费者的策略（市场需求），厂商在 t 期的行动（e_{it}，p_{it}）是一对映射：（Y^{t-1}，P^t，$[0,1]^2$）→ $\{e, 0\}$；（Y^{t-1}，P^t，$[0,1]^2$）→ $\{p_{it}\}$。令厂商 i 在 t 期的利润为π_{it}，则厂商的目标是：

$$\max_{p_{it},c_{it}}(1-\delta)\sum_{t=1}^{\infty}\pi_{it}(m_{it},p_{it},\Delta\pi)\ 。$$

完美贝叶斯均衡：（a）给定消费者的信念，消费者和厂商的策略是最优的。（b）均衡路径上的信念是一致的（按贝叶斯法则更新）。

二　命题 3.3 的证明

证明：式（3.7）已在正文中推导，此处略去。剩下只需推导临界贴现因子 δ_s^*，即使得式（3.7）有解的最小 δ。令

$$G(k_s,\ \tau_s)\equiv\frac{\Phi\left(k_s+\dfrac{e}{\sigma}\right)-\Phi(k_s)}{\tau_s}-\Phi(k_s)$$

---

① 注意在这最后一种情况下并不意味着两家厂商一定各得到一半的市场份额。在均衡中，为形成有效的激励，此时 m_i 常常取边界值 0 或 1。

则$\frac{\partial G}{\partial k_s}=\frac{\Phi\left(k_s+\frac{e}{\sigma}\right)-\Phi\ (k_s)}{\tau_s}-\Phi\ (k_s)$。其中 Φ（.）为标准正态密度函数。通过简单的计算可知，当 $k_s=-\frac{e}{2\sigma}-\frac{\sigma\ln\ (1+\tau_s)}{e}\equiv k_s^*$ 时，$\frac{\partial G}{\partial k_s}=0$。而且 $k_s<k_s^*$ 时，$\frac{\partial G}{\partial k_s}>0$；$k_s>k_s^*$ 时，$\frac{\partial G}{\partial k_s}<0$。可见，$k_s=k_s^*$ 时，G（k_s，τ_s）取到最大，此时式（3.7）中对应的 δ 取到最小。所以当 $k_s=k_s^*$ 时，使得式（3.7）成立的 δ 即为 δ_s^*。

证毕。

三　命题 3.4 的证明

（i）将 J_s 表达式代入式（3.8）即可验证。

（ii）正文中式（3.4）及式（3.5）相减得：

$$(1-\delta)\Delta\pi\leqslant\delta\left[\Phi\left(k_s+\frac{e}{\sigma}\right)-\Phi(k_s)\right](v_s-w_{s-1})$$

整理得：

$$w_{s-1}\leqslant v_s-\frac{(1-\delta)\Delta\pi}{\delta\left[\Phi\left(k_s+\frac{e}{\sigma}\right)-\Phi(k_s)\right]}$$

将上式代入式（3.4）并化简，有：

$$v_s\leqslant\pi_h-\frac{\Delta\pi\Phi(k_s)}{\left[\Phi\left(k_s+\frac{e}{\sigma}\right)-\Phi(k_s)\right]}$$

又因为递归信念均衡是使得厂商获得最大可能利润的均衡，因此激励相容条件束紧，即上式取等号。

证毕。

四　命题 3.5 的证明

（i）要证 w_s 随 s 增加而增加。用数学归纳法。显然 $w_2>\pi_1=$

w_1。若 $w_s > w_{s-1}$，则由$\tau_s \equiv \frac{\Delta\pi}{\pi_h - w_{s-1}}$可知$\tau_{s+1} > \tau_s$。又由式（3.13）定义的 G（$k_s$，$\tau_s$）可知$\frac{\partial G}{\partial \tau_s} < 0$，且 $k_s \leqslant k_s^*$ 时（注意到 k_s 是较小的一个解）$\frac{\partial G}{\partial k_s} > 0$；从而由式（3.7），$\frac{\partial k_s}{\partial \tau_s} = -\frac{\frac{\partial G}{\partial \tau_s}}{\frac{\partial G}{\partial k_s}} > 0$。所以若 $w_s > w_{s-1}$，则 $k_{s+1} > k_s$。

再由 $v_s = \pi_h - \frac{\Delta\pi\Phi(k_s)}{\left[\Phi\left(k_s + \frac{e}{\sigma}\right) - \Phi(k_s)\right]}$，则简单求导可知$k_s \leqslant k_s^*$ 时，v_s 是 k_s 的减函数，所以 $k_{s+1} > k_s$ 时 $v_{s+1} < v_s$。又已知 $J_{s+1} > J_s$ 及 $J_s = v_s + w_s$，可知必有 $w_{s+1} > w_s$。综上，即从 $w_s > w_{s-1}$ 可以推出 $w_{s+1} > w_s$。

（ii）（iii）由上述步骤（i）可知，当 w_s 随 s 增加而增加时，k_s 随 s 增加而增加，v_s 随 s 增加而减少。

（iv）δ_s^* 的单调性。由命题 3.3 的证明可知：

$$\frac{1-\delta_s^*}{\delta_s^*} = \max_{k_s} \frac{\Phi\left(k_s + \frac{e}{\sigma}\right) - \Phi(k_s)}{\tau_s} - \Phi(k_s)$$

则由包络定理，

$$\frac{\partial \delta_s^*}{\partial \tau_s} = \left(\frac{\delta_s^*}{\tau_s}\right)^2 \cdot \left[\Phi\left(k_s^* + \frac{e}{\sigma}\right) - \Phi(k_s^*)\right] > 0$$

再由$\tau_{s+1} > \tau_s$，可得 $\delta_{s+1}^* > \delta_s^*$。

证毕。

第四章　声誉排名的最优机制*

第一节　引言

发达市场经济中，企业声誉排名已经很普遍。例如，医院排名、共同基金排名（Morningstar）、汽车排名（J. D. Powers）、餐馆排名（Zagat）、债券排名（Moody）等。而且，各类《消费者报告》每年也为大量消费品牌排名。相当数量的经验研究表明，在许多行业中，排名确实对消费者决策产生了影响，并成为消费者约束企业行为的重要手段。

声誉排名实际上是一种锦标赛机制：根据企业绩效、重复进行的锦标赛。排名为什么可以促进企业维持声誉？这种重复进行的锦标赛和我们熟知的静态锦标赛有什么异同？最优的声誉排名机制有什么特征？排名本身就是竞争，但根据产品异质性（可替代性），竞争程度会有差，竞争程度如何影响排名机制的效果？从第二章可以看到，现有文献对这些问题尚无研究。本章构建了一个消费者存在水平差异的重复博弈模型，力图回答这些问题。

考虑一个体验品的双寡头市场，永续经营的同质厂商每期有

---

* 本章主要内容曾以《差异产品市场上的声誉锦标赛》为题发表于《经济研究》2010 年第 7 期。署名：杜创、蔡洪滨。

低、高两种努力水平的选择。选择高努力时付出的成本更高，但更有可能生产高质量的产品。每期有大量的消费者选择是否购买产品及从哪里购买。消费者是短期参与人（或匿名的长期参与人），分为两类：一类是“品牌偏好型消费者”，只会从两家厂商中固定的某一家购买，或者不购买；另一类是“转换型消费者”（无品牌偏好），可以从两家厂商中任意一家购买，或者不从任何厂家购买。转换型消费者的相对比例刻画了两家厂商之间产品的可替代程度，即水平差异化程度。[①] 另外，厂商的努力水平是隐藏行动，消费者只能事后看到努力水平的一个不完美公共信号——质量水平（或购买者的主观评价）。

针对上述模型，我们刻画了一类有现实意义的完美贝叶斯均衡，均衡中厂商之间的竞争可视作重复进行的、争夺“转换型消费者”的声誉锦标赛；两家厂商总是选择高努力，其激励来自转换型消费者在两家厂商之间的转换。转换规则如下（简记为锦标赛策略）：博弈开始时，转换型消费者选择从两家厂商中的任意一家购买（获得转换型消费者的称为“高状态厂商”，另一家称为“低状态厂商”）；此后任意某期，若“高状态厂商”的质量水平不低于“低状态厂商”的质量水平加上某个常数（可正可负，称其绝对值为“偏离度”），则下期继续为“高状态厂商”；否则，下期开始状态对调（即消费者从原来的“高状态厂商”转到“低状态厂商”）。上述规则中，若常数为0，则为“公平的锦标赛”。

若厂商足够耐心（贴现因子足够大），且消费者的水平差异度不是太大，则锦标赛策略可以确保厂商维持声誉；而且产品水平差异度越小，保证厂商维持声誉的临界贴现因子（最小贴现因

---

① 如若只有品牌偏好型消费者，则两家厂商的产品可视作完全不同的；若只有转换型消费者，则两家厂商的产品不存在水平差异。关于产品的水平差异，向来有不同的刻画方法，如 Hotelling（1929）通过消费者的不同地理位置及相应的交通成本来描述，Chamberlin（1933）则通过个体厂商的两种需求曲线来刻画。

子）也越小。直觉如下：在体验品市场上，信息不对称减弱了价格竞争，厂商之间的竞争主要体现在产品质量和声誉上。虽然在均衡路径上，两家厂商都将付出高努力，从而公共信号水平的差异只是反映了生产的不确定性；但由于信息不对称，锦标赛机制却在事前具有激励效应。厂商付出低努力时更有可能产生一个较差的信号，这在声誉锦标赛机制下导致转换型消费者更可能离开，从而降低未来的期望利润；而产品水平差异化程度越弱，则转换型消费者的比例越高，消费者择优而购的行为对厂商的约束作用也就越强。

本章比较了锦标赛机制下不同的偏离方向及偏离度对厂商维持声誉的不同激励效应。“负向偏离”（锦标赛转换规则中的常数为负）具有最强的激励作用，其次是无偏离（常数为0）即“公平的锦标赛”，最差的是“正向偏离”（常数为正）。直觉是：在公平的锦标赛中，转换型信消费者只是简单地从上期信号水平较高的一家厂商处购买；因此任一厂商从高努力偏离到低努力，负面效应只是短期的：仅下期更可能失去转换型消费者。而当转换规则中常数为负时，任一厂商从高努力偏离到低努力，负面效应可能是长期的：不仅下期更可能失去转换型消费者，而且一旦失去，此后将被迫在不利于自己的锦标赛规则中博弈，因此有更强的激励作用。最后，转换规则中常数为正的非最优性质是显然的，因其一定程度上鼓励了从高努力偏离到低努力的行为：虽然下期更可能失去转换型消费者，但给定失去转换型消费者，此后将在有利于自己的锦标赛规则中博弈。因此，比较而言，负向偏离最有激励效应。而且，当生产高质量产品与低质量产品的成本差别充分大、或生产中的不确定性程度充分大、或贴现因子为中等程度、或产品水平差异度为中等程度时，只有负向偏离才能保证声誉的维持。因为在这些参数条件下，道德风险程度相对较高；只有使用具最强激励效应的锦标赛形式，才能保证厂商维持声誉。

虽然对“公平的锦标赛”一定程度的偏离可以增强激励效应，但“偏离度”也不能太大，否则锦标赛规则将过分偏向正拥有转换型消费者的厂商，使得状态转换发生的可能性过小，两家厂商选择高努力的激励都将随之消失。本章研究了最优的“偏离度”，即使得临界贴现因子（不低于此厂商才愿意维持声誉）最小化的偏离度。最优偏离度依赖于厂商面临的道德风险程度：生产高质量产品与低质量产品的成本差别越大、生产中的不确定性程度越大，则最优偏离度越大；消费者对产品质量越重视，则最优偏离度越小。

与本章相关的文献，除第二章已经列出的重复博弈与声誉理论外，还包括激励理论中的锦标赛模型，尤其是不对称锦标赛模型①。关于不对称锦标赛规则的作用，文献中一个常见的解释是：代理人的能力存在差异，因此为保证有效率的竞争，奖惩规则上需要有偏向②。但本书是在同质代理人环境里考虑了不对称锦标赛的激励作用，就此而言与本书比较接近的文献是 Meyer（1992）。Meyer（1992）考虑了两个同质的、风险规避的代理人（雇员），努力水平为隐藏行动；在一个重复两期的锦标赛中，第二期的锦标赛在规则上将略偏向于第一期的胜者。本书与 Meyer（1992）的差别如下。第一，Meyer（1992）只是证明了对“公平的锦标赛”的一个小偏离是更优的，并没有讨论最优偏离度及其决定因素；而本书讨论了各种外生参数如何决定最优偏离度。第二，Meyer（1992）的结论依赖于代理人风险规避的假设。如果代理人是风险中性的，则偏离是不必要的，因为委托人通过最优地设计奖金规模就可以达到同样的效果。而在本书中，代理人（厂商）是风险中性的，但偏离仍是必要的，因为考虑的是不同

---

① 本章中“正向偏离”类似于 handicapped tournament，“负向偏离”类似于 reverse - handicapped tournament。

② 当能力差别是公开信息时，参见 Lazear 和 Rosen（1981）；当能力差别是私人信息时，参见 Meyer（1991）。

的环境。在产业组织框架中，消费者与厂商不可能就产品质量水平签订有约束力的合约，只能依靠声誉机制；对厂商的奖惩只是通过市场份额的变动，这就限制了“奖金”本身可能起作用的范围，因此偏离仍可能是必要的。

下文的安排为：第二节介绍模型的基本设定，第三节刻画声誉锦标赛机制及比较静态分析结果，第四节是模型的讨论和扩展，最后是总结。

第二节　模型设定

博弈的时间轴为 $t=1, 2, 3, \cdots, \infty$。有两家厂商长期存在于市场上，厂商的共同贴现因子为 $\delta \in (0, 1)$。每期厂商同时选择价格和努力水平。生产是规模收益不变的，厂商可以选择付出高努力水平 h（相应成本为 $c>0$），或低努力水平 0（相应成本为0）以影响每单位产品的质量。同一厂商生产的产品有相同的质量。厂商努力水平（成本）的选择本身是隐藏行动，消费者无法观察到；但在每期结束、下期开始的时候市场可以观察到一个不完美的公共信号 y_i，其决定方式为：

$$y_i = h_i + \varepsilon_i \quad i=1, 2 \tag{4.1}$$

其中 $h_i \in \{0, h\}$ 表示厂商 i 选择的努力水平，ε_i 为扰动项。扰动项的来源可能是生产过程中的不确定性，也可能是消费过程中的不确定性。后者如不同时期的消费者对同一产品可能有不同的主观评价。假设扰动项服从均值为 0、方差为 σ^2 的正态分布，ε_1 和 ε_2 之间的相关系数为 $\rho \in [-1, 1]$；相关性可能来自经济中共同的冲击对生产的影响，也可能是由于同期内对产品质量作出评判的是同一群消费者。但为简单计，假设各期之间扰动项是独立同分布的。关于每个厂商的公共信号虽然在事后可以观察，但是无法被第三方验证；从而无法通过事后的诉讼机制约束厂商行为。

消费者都是短期参与人，只在市场上活动一期[①]。每期开始的时候，进入市场的消费者数目都是测度为1的连续统（continuum），每个消费者对产品的需求为0或1。当产品是经过高努力水平生产的时候，消费者的期望效用为 v_h；否则为 v_l。消费者的保留效用为0，因此可以接受的产品最高售价为 v_h。假设 $v_h - c > 0 > v_l$。前一个不等式意味着两个厂商都选择高努力、消费者选择购买是社会最优的；后一个不等式意味着如果确知厂商选择低努力，则消费者的最优选择将是不购买产品。消费者是异质的，分为两种类型。一类是每个厂商分别拥有的、比例为 m（$0 < m < 1/2$）的"品牌偏好型消费者"，只选择在该特定厂商处购买，或者不进入市场；另一类是比例为 $1-2m$ 的"转换型消费者"，他们在两家厂商中的任何一家购买产品，或者不从任何厂商购买。假设"品牌偏好型消费者""转换型消费者"的存在只是刻画产品水平差异（竞争程度）的一种简单方式，同时也比假设同质性消费者更符合现实。比如由于地理上的原因，某些区域的消费者到另一家厂商购买产品可能要花费极高的交通成本，以致不可能。或者可认为消费者有着不同的品牌忠诚度。如对于汽车的外形设计，有些消费者可能只偏好流线型设计，而另一些消费者对于外形设计无所谓。

每期厂商和消费者同时行动：消费者选择是否购买（及转换型消费者若购买，选择从哪一家厂商购买），厂商选择努力水平及价格。至此我们完成了对阶段博弈的描述。

当产品质量可事前观察或事后验证的时候，厂商选择高努力水平、消费者选择购买的社会最优状态显然是很容易实现的。[②]当厂商选择的努力水平不可观察的时候，若博弈只有一期，则唯一的纳什均衡是消费者不购买产品、厂商选择低努力。因为一旦

---

① 或者为匿名的长期参与人，因此只会最大化当期效用。

② 如质量水平可以事后验证时，则只要法律系统完备，通过一个正式的激励契约就可以解决问题。

消费者选择购买，厂商的最优反应将是低努力；但对消费者而言，此时的期望效用 $v_l < 0$。理性的消费者预计到这些，就不会购买。这里静态无效率的来源是厂商的道德风险和公共信号的不可验证性。

当上述阶段博弈重复无穷期的时候，就构成了一个不完美公共监督重复博弈，其中的公共信号为 y_i。在此类博弈中，一般仅考虑公共策略（public strategy）。公共策略是指：消费者的购买决策和厂商的成本、定价决策仅依赖于公共信号，与厂商的隐藏行动无关。在重复博弈中，厂商选择策略以追求长期（贴现）期望利润最大化，若某一期失去全部消费者或长期期望利润非正，厂商将退出市场①。消费者追求短期最优。相应的均衡概念为完美贝叶斯均衡。②

第三节　均衡机制

在上节模型设定下，每期重复静态博弈的纳什均衡（消费者不购买、厂商选择低努力）显然构成一个完美贝叶斯均衡。但我们更关注厂商维持声誉（一直选择高努力水平）并获得高利润是否可以作为均衡现象出现。一个直觉是：当相互竞争的多家厂商都试图建立声誉的时候，对于单个厂商而言，重要的将不是自己的产品有多好，而是能否比别的厂商更好；因为（转换型）消费者会择优而购。

考虑消费者采取如下形式的锦标赛策略。博弈的第 1 期，转换型消费者选择从两家厂商中的任意一家——如厂商 A——购

---

① 本书是讨论给定市场结构下的声誉机制，因此不考虑两家厂商之间是否会合并的问题。如由于反垄断法的限制或其他外在的障碍使得厂商不会考虑合并。

② 对于不完美公共监督重复博弈，可以使用的均衡概念包括序贯均衡（SE）、完美贝叶斯均衡（PBE）和完美公共均衡（PPE）。但在本书的模型框架中，三者实际上是等价的。参见 Fudenberg 和 Levine（1994）、Fudenberg、Levine 和 Maskin（1994）。

买。此时称厂商 A 为“高状态厂商”，另一家不拥有转换型消费者的厂商为“低状态厂商”。此后在任意的第 t（t≥1）期，若高状态厂商和低状态厂商的信号水平分别为 y_z，y_x，则当且仅当

$$y_z - y_x < \bar{y} \tag{4.2}$$

下期开始，两家厂商的状态对换。一个特例是公平的锦标赛策略：$\bar{y}=0$，转换型消费者只是简单地从上期信号水平更高的一家厂商购买。若 $\bar{y}>0$，则低状态厂商的信号水平只要不低于高状态厂商的信号水平减去某个严格正的数（$|\bar{y}|$），下期就可以吸引到转换型消费者。若 $\bar{y}<0$，则低状态厂商只有信号水平高于高状态厂商的信号水平加上一个严格正的数（$|\bar{y}|$），才能在下期吸引到转换型消费者。称 $|\bar{y}|$ 为偏离度。①

相应的，定义具有平稳（stationary）价格特征的声誉锦标赛均衡如下。

定义 4.1：称具有如下特征的完美贝叶斯均衡为声誉锦标赛均衡：（i）厂商总是选择高努力水平 h、制定相同的价格 p；（ii）所有消费者选择购买，其中转换型消费者采取“锦标赛策略”。

在声誉锦标赛均衡中，（$\bar{y}$，p）是内生变量。下面我们研究什么样的（$\bar{y}$，p）组合可以使得声誉锦标赛均衡存在；以及什么样的消费者信念可以支持上述均衡存在（且具有一致性：consistency）。若厂商总是选择高努力，则定义 4.1 中所描述的消费者策略显然是理性的；因此问题的关键是：若消费者总是选择购买，且转换型消费者采用锦标赛策略，一直付出高努力是不是厂

① 依赖于消费者可得到的信息精度，锦标赛中的偏向性可通过两种方式实施。第一种方式，如果消费者确切地知道两家厂商的信号水平，则可直接实施不对称的标准，如正文所述。第二种方式，若消费者只知道两家厂商的信号排序，不知道确切数值，则可通过操纵信号的生成过程来实现，如使得新的信号 $\tilde{y}_z = y_z + \lambda_z$、$\tilde{y}_x = y_x + \lambda_x$，并使得 $\lambda_x - \lambda_z = \bar{y}$；然后转换型消费者简单比较信号水平 $\tilde{y}_z$、$\tilde{y}_x$，并从较高的一家购买（参见 Meyer，1992）。在寡头市场上，对“负向偏离”的一个近似的实施方案是，使得每期末市场上出现的公共信号实际上是当期及此前若干时期质量绩效水平的一个加权平均（如引言所举 Morningstar）。两种方式没有本质差别。

商的最优选择?

令在均衡中，高状态厂商和低状态厂商的贴现平均收益分别为 z 和 x，则由锦标赛策略的定义，对应收益 z 的当期市场份额为 1 - m，对应收益 x 的当期市场份额为 m。再由 Abreu、Pearce 和 Stacchetti（1990）所提出的动态规划与自我生成方法，可以将平均收益 z 分解为当期收益和后续收益的加权和，权重为贴现因子，如下式：

$$z=(1-\delta)(1-m)(p-c)+\delta\left\{\left[1-\Phi\left(\frac{\bar{y}}{\sigma_d}\right)\right]z+\Phi\left(\frac{\bar{y}}{\sigma_d}\right)x\right\} \quad (4.3)$$

式（4.3）右边第一项表示高状态厂商在本期获得（1 - m）的市场份额并付出高努力时的当期收益。第二项表示本期付出高努力带来的后续收益。其中 Φ（·）是标准正态分布函数。$\sigma_d \equiv \sigma\sqrt{2(1-\rho)}$。因为由式（4.2），若 $y_z - y_x \geqslant \bar{y}$，则下期开始状态不变；高状态厂商从下期开始贴现平均的收益仍为 z。而由式（4.1），当两个厂商都付出高努力时，$y_z - y_x \geqslant \bar{y}$ 等价于 $\varepsilon_z - \varepsilon_x \geqslant \bar{y}$。又因为 ε_z、ε_x 是 0 均值、标准差为 σ 的正态分布，二者相关系数为 ρ；则 $\varepsilon_z - \varepsilon_x$ 是 0 均值、标准差为 $\sigma\sqrt{2(1-\rho)} \equiv \sigma_d$ 的正态分布，

$$prob(\varepsilon_z-\varepsilon_x \geqslant \bar{y}) = prob\left(\frac{\varepsilon_z-\varepsilon_x}{\sigma_d} \geqslant \frac{\bar{y}}{\sigma_d}\right) = 1-\Phi\left(\frac{\bar{y}}{\sigma_d}\right)$$

而当 $y_z - y_x < \bar{y}$ 时，高状态厂商从下期开始成为低状态厂商，贴现平均的收益变为 x；相应概率为 $\Phi(\bar{y}/\sigma_d)$。

类似的，收益 x 也可以分解如下：

$$x=(1-\delta)m(p-c)+\delta\left\{\left[1-\Phi\left(\frac{\bar{y}}{\sigma_d}\right)\right]x+\Phi\left(\frac{\bar{y}}{\sigma_d}\right)z\right\} \quad (4.4)$$

下边考虑使得厂商愿意选择高努力的激励相容条件。对于高状态厂商，若选择低努力，则当期可以节约成本（1 - m）c；但在对手选择高努力的情况下，当期实现较高的信号并在下期获得平均后续收益 z 的可能性将从 $1-\Phi\left(\frac{\bar{y}}{\sigma_d}\right)$ 减少到 $1-\Phi\left(\frac{\bar{y}+h}{\sigma_d}\right)$。这

是因为：

$$prob(y_z - y_x \geqslant \bar{y}) = prob(\varepsilon_z - h - \varepsilon_x \geqslant \bar{y}) = prob(\varepsilon_z - \varepsilon_x \geqslant h + \bar{y}) = 1 - \Phi\left(\frac{\bar{y} + h}{\sigma_d}\right)$$

从而激励相容条件为：

$$z \geqslant (1 - \delta)(1 - m)p + \delta\left\{\left[1 - \Phi\left(\frac{\bar{y} + h}{\sigma_d}\right)\right]z + \Phi\left(\frac{\bar{y} + h}{\sigma_d}\right)x\right\} \quad (4.5)$$

类似可以写出厂商均衡收益为 x 时的激励相容条件：

$$x \geqslant (1 - \delta)mp + \delta\left\{\left[1 - \Phi\left(\frac{\bar{y} - h}{\sigma_d}\right)\right]x + \Phi\left(\frac{\bar{y} - h}{\sigma_d}\right)z\right\} \quad (4.6)$$

另外一类约束是厂商是否有偏离均衡价格的动机，与信息对称的市场不同，这取决于消费者信念（belief）。考虑如下形式的消费者信念：

若厂商价格不低于 p，则认为厂商选择了高努力；若厂商宣布或过去提供了低于 p 的价格，则认为该厂商将选择低努力。

对消费者信念的这种规定是关于产品质量与声誉问题的理论文献中比较常见的，如 Klein 和 Leffler（1981）、Horner（2002）、Dana 和 Fong（2011）等。我们需要决定的是：给定均衡策略，什么样的半稳价格 p 可使消费者信念具有一致性（consistency）。

根据 m 取值的不同，式（4.5）和式（4.6）中将仅有一个是更严格的约束。我们首先看 m→0 的情况，此时可证式（4.6）是松的约束，只有式（4.5）是紧的约束（参见引理 4.2 的证明）。这种相对简单的极限时的情况能使我们获得文中大部分结论的直觉。经过简单运算，首先可以得到一个引理，刻画了均衡时（$\bar{y}$，p）可能的取值范围。①

引理 4.2：m→0 时，任何满足

$$v_h \geqslant p \geqslant c + \left\{\left[2\Phi\left(\frac{\bar{y}}{\sigma_d}\right) + \frac{1 - \delta}{\delta}\right](1 - m)c\right\}\Big/$$

① 所有结论的证明参见本章最后一节。

$$\left\{(1-2m)\left[\Phi\left(\frac{\bar{y}+h}{\sigma_d}\right)-\Phi\left(\frac{\bar{y}}{\sigma_d}\right)\right]\right\} \tag{4.7}$$

的（$\bar{y}$，p）组合都可构成一个声誉锦标赛均衡。

根据式（4.7），均衡时 $p>c$，即存在声誉溢价。这与产品质量及声誉理论的经典文献——如 Klein 和 Leffler（1981）——是一致的。给定价格满足式（4.7），厂商没有偏离到低努力的动机，因此均衡路径上消费者的信念是一致的（consistent）。但此时低状态厂商是否有动机通过降价吸引转换型消费者？由于消费者的策略性行为也被考虑在内，降价的效果如何将取决于消费者的信念。如果本期降价会在下期引起价格战，那么从下一期开始行业利润将大幅降低甚至减少到0。如果下期开始不再有利润，那么本期博弈就变成一个静态博弈，厂商就不会选择高努力生产。理性的消费者预计到这一点，本期就不会从降价厂商处购买。进一步地，厂商预计到所有这些，本期就不会降价。从而前文所述消费者信念——“若厂商宣布或过去提供了低于 p 的价格，则认为该厂商将选择低努力”——是自我实现的（self - fulfilling）。当购买低质量产品不如不买但质量又不可事先观察的时候，低价策略就失去了效用。

引理 4.2 中式（4.7）的后半部分等价于：

$$\left[\Phi\left(\frac{\bar{y}+h}{\sigma_d}\right)-\Phi\left(\frac{\bar{y}}{\sigma_d}\right)\right]\Big/\tau_z-2\Phi\left(\frac{\bar{y}}{\sigma_d}\right)\geqslant\frac{1-\delta}{\delta} \tag{4.8}$$

其中$\tau_z\equiv[(1-m)c]/[(1-2m)(p-c)]$。由此可以得到下边的命题，给出了 $m\to 0$ 时使得声誉锦标赛均衡存在的参数条件及均衡特征。

命题 4.3：$m\to 0$ 时，存在临界贴现因子 δ^*，使得当 $\delta\geqslant\delta^*$ 时，声誉锦标赛均衡存在；而且对应临界贴现因子 δ^* 的 $\bar{y}^*=-\frac{h}{2}-\frac{\sigma_d^2}{h}\ln\left(\frac{v_h+c}{v_h-c}\right)<0$。

声誉锦标赛均衡的存在要求厂商足够耐心（贴现因子足够大），这是重复博弈理论的一般结论。命题 4.3 中比较有趣的一

点是 $\bar{y}^* < 0$，即当厂商只有中等程度的贴现因子（接近 δ^*）时，对公平的锦标赛的负向偏离具有更大的激励效应。原因是 $\bar{y} < 0$ 时，任一厂商从高努力偏离到低努力，负面效应可能是长期的：不仅下期更可能失去转换型消费者，而且从下期开始将不得不在不利于自己的锦标赛规则中博弈。但是 $\bar{y}$ 也不能太小，否则锦标赛规则将过分偏向高状态厂商，使得状态转换发生的可能性过小，高状态厂商和低状态厂商选择高努力的激励将随之消失。命题 4.3 刻画了影响最优的 $\bar{y}$ 的因素。由 $\bar{y}^* = -\frac{h}{2} - \frac{\sigma_d^2}{h}\ln\left(\frac{v_h + c}{v_h - c}\right)$ 可见，生产高质量产品与低质量产品的成本差别（c）越大、生产中的不确定性程度（σ）越大，则最优偏离度（$|\bar{y}^*|$）越大；消费者对产品质量越重视（v_h 越大），则最优偏离度越小。概括而言，即道德风险程度越高，最优偏离度越大。

命题 4.3 只是讨论了最优偏离，即使得 $\delta^*(\bar{y})$ 最小化的偏离。如果 δ 远远高于 δ^*，则式（4.7）可能是松的约束，从而潜在地存在多个 $\bar{y}$（及 p）值都可以保证声誉的维持。因此需要对 $\delta \geqslant \delta^*$ 时 $\bar{y}$ 的取值可能性作出完整的刻画。令 $G_z(\bar{y}) \equiv \left[\Phi\left(\frac{\bar{y}+h}{\sigma_d}\right) - \Phi\left(\frac{\bar{y}}{\sigma_d}\right)\right]/\tau_z - 2\Phi\left(\frac{\bar{y}}{\sigma_d}\right)$，则 $G_z(0) = \frac{(p-c)}{c}\left[\Phi\left(\frac{h}{\sigma_d}\right) - \frac{1}{2}\right] - 1$。从而当 $\Phi\left(\frac{h}{\sigma_d}\right) - \frac{1}{2} < \frac{c}{p-c}$ 时，$G_z(0) < 0$；当 $\Phi\left(\frac{h}{\sigma_d}\right) - \frac{1}{2} > \frac{c}{p-c}$ 时，$G_z(0) > 0$。再根据命题 4.3 的证明过程可知，$G_z(\bar{y})$ 的图像为：

结合式（4.8），立即可以得到命题 4.4。①

命题 4.4：给定 $m \to 0$，$\delta > \delta^*$，

（i）存在 $\bar{y}_1(\delta)$，$\bar{y}_2(\delta)$，使得声誉锦标赛均衡中 $\bar{y}$ 满足：$\bar{y}_1(\delta) \leqslant \bar{y} \leqslant \bar{y}_2(\delta)$。

---

① 由于结论比较明显，附录中略去了其证明。

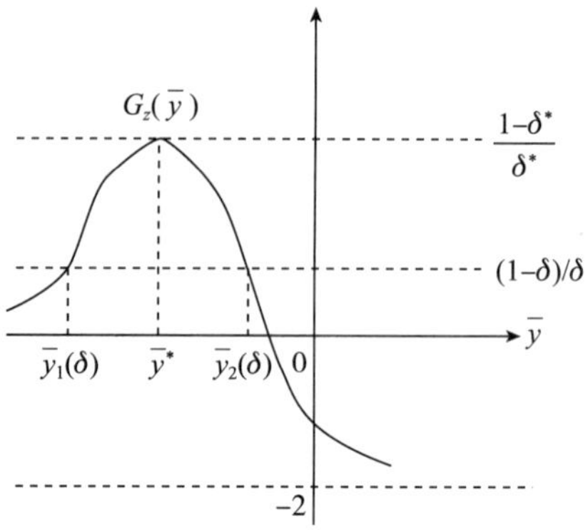

图 4.1 $\Phi\left(\frac{h}{\sigma_d}\right)-\frac{1}{2}<\frac{c}{p-c}$时曲线 G_z（$\bar{y}$）的形状及均衡中 $\bar{y}$ 的范围

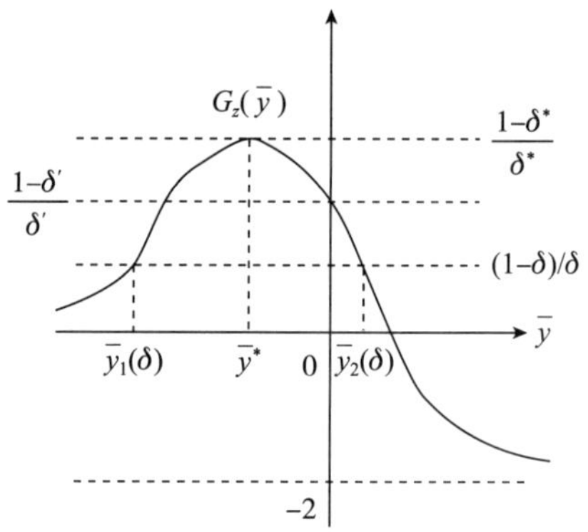

图 4.2 $\Phi\left(\frac{h}{\sigma_d}\right)-\frac{1}{2}<\frac{c}{p-c}$时曲线 G_z（$\bar{y}$）的形状及均衡中 $\bar{y}$ 的范围

（ii）若 $\Phi\left(\frac{h}{\sigma_d}\right)-\frac{1}{2}<\frac{c}{p-c}$，则 $\bar{y}_2$（δ）<0。

（iii）若 $\Phi\left(\frac{h}{\sigma_d}\right)-\frac{1}{2}>\frac{c}{p-c}$，则存在 $\delta'>\delta^*$，使得 $\delta^*<\delta<\delta'$ 时，$\bar{y}_2$（δ）<0；$\delta>\delta'$时，$\bar{y}_2$（δ）>0。

命题4.4中的（ii）对应于图4.1，（iii）对应于图4.2。命题4.4表明，若生产高质量产品与低质量产品的成本差别（c）

充分大，或生产中的不确定性程度充分大（σ），或对于中等程度的贴现因子，只有 $\bar{y}<0$ 才能保证声誉的维持。这与命题 4.3 中影响最优偏离度的因素是一致的。

以上我们详细讨论了 m→0 时声誉锦标赛的存在性及均衡特征。对于所有 m 的可能取值，命题 4.5 刻画了声誉锦标赛均衡存在的充分必要条件。

命题 4.5：声誉锦标赛均衡存在的充分必要条件是 $m \leqslant \frac{1}{2}\left(1-\frac{c}{v_h}\right)$，$\delta \geqslant \delta^*(m)$，其中 $\delta^*(m) \in (0,1)$ 是 m 的增函数。

由命题 4.5 可知，声誉锦标赛均衡存在的充分必要条件有两个。一是 $\delta \geqslant \delta^*$（m），即贴现因子要足够高，这是重复博弈中实现合作的一个标准条件。二是 $\underline{m} \leqslant (1-c/v_h)/2$，即品牌偏好型消费者的比例不能太高，等价的即转换型消费者的比例要足够高。两个条件都表明：转换型消费者的比例越高，则声誉锦标赛均衡越有可能实现［因为第一个条件中 δ^*（m）是 m 的增函数］。这意味着产品水平差异化程度越弱，对作为一个整体的厂商们反而更有利。直觉是，在体验品市场上，信息不对称减弱了价格竞争；厂商之间的竞争主要体现在产品质量和声誉上。产品水平差异化程度越弱，好的声誉带来的转换型消费者（及额外收益）就越多；同时短期欺骗消费者带来的利润损失也越大。这意味着转换型消费者能够施加给厂商的约束也越强，进而厂商越会付出高努力以获得声誉。理性的消费者也会预见到这一点，从而越能够对厂商产生信任。

产品水平差异程度不仅影响声誉锦标赛均衡的存在性，也影响声誉锦标赛均衡的可能实现形式。正式的结论如下。

命题 4.6：存在 $m' \in \left(0, \frac{1}{2}-\frac{1}{2}\frac{c}{v_h}\right)$，使得当 $m' < m \leqslant \frac{1}{2}\left(1-\frac{c}{v_h}\right)$ 时，声誉锦标赛均衡中一定有 $\bar{y}<0$。

直觉类似于命题 4.3 和命题 4.4。当 m 为中等程度时，声誉锦标赛虽然存在，但是使得厂商维持声誉较难。此时需要通过负向偏离（$\bar{y}<0$）增加激励效应。综合命题4.3、4.4、4.5、4.6还可见，对于中等程度的贴现因子和水平差异度，声誉锦标赛均衡中一定有负向偏离（$\bar{y}<0$）。

第四节　讨论与扩展

一　产品水平差异充分大时的声誉机制

根据命题4.5，声誉锦标赛均衡存在的一个必要条件是$m\leqslant(1-c/v_h)/2$。那么对于$m>(1-c/v_h)/2$，使得厂商维持声誉的机制是什么？当m很大，尤其是$m\to1/2$的时候，两个厂商近似于在两个分割的市场上各自作为垄断者运作①。这启发我们考虑锦标赛策略和垄断市场上触发策略的一种混合形式，可称之为扩展的锦标赛策略。其特征为：品牌偏好型消费者采取触发策略，其中临界信号水平为$\underline{y}$（高于$\underline{y}$则购买，低于$\underline{y}$则不购买）；转换型消费者从上期信号水平高于$\underline{y}$的厂商中选择信号较高的一家购买，若没有满足条件的，将不再购买。但是此时最优均衡的求解较为复杂。可以证明，对任意给定的临界信号水平$\underline{y}\in(-\infty,+\infty)$及产品水平差异度m，只要贴现因子足够大，则扩展的声誉锦标赛均衡存在。

二　厂商合谋问题

在本章框架中，不论厂商合谋与否，理论上都有相同的结果。如当$m\to0$时，满足命题4.3中式（4.7）的（$\bar{y}$，p）组合都可构成一个存在厂商合谋时的声誉锦标赛均衡。类似于Dana和Fong（2011），此时的均衡策略稍作修改如下：两家厂商预先

① 参见Cai和Obara（2009）、Green和Porter（1984）等。

规定合谋价格 p，若任何厂商偏离了合谋价格（如降价），则从下期开始，将转到静态纳什均衡：付出低努力、市场消失。给定从下期开始厂商只能获得零利润，则在本期，偏离合谋价格的厂商也没有动力付出高努力。理性的消费者预期到这一点，就不会被降价所吸引。进一步地，理性的厂商知道消费者的预期，就不会降价，即没有动机偏离合谋价格。由此可见，合谋与否，对均衡条件不会有影响。当然，假设声誉锦标赛均衡价格是合谋的结果，从直觉上可能更好理解一些。因为满足命题 4.3 中式（4.7）的（$\bar{y}$，p）组合可能有无穷多个，这就存在一个均衡协调（equilibrium coordination）的问题；而假设厂商之间存在价格合谋可以部分地解释均衡协调的机制。

三　与周转均衡的比较

Rob 和 Sekiguchi（2006）刻画的周转均衡更适用于消费者存在垂直差异时的情形。例如消费者对产品的偏好存在垂直差异：某些消费者对高质量的产品有更高的偏好，另一些消费者对低质量的产品有更高的偏好。则周转均衡中，每期一个厂商付出高努力，另一个厂商付出低努力（假设低努力产品也能带来一定的效用），是符合效率原则的。但若消费者不存在垂直差异，所有消费者都更偏好高质量的产品，则如同本书，均衡中两个厂商都付出高努力才是更接近效率原则的。即使不考虑产品差异，也不难证明：只要同一市场内厂商绩效的相关性足够大，则声誉锦标赛均衡仍优于周转均衡，表现在维持声誉的临界贴现因子更小。这个结果与 Holmstrom（1982）在静态条件下对相对绩效合约最优性的讨论是一致的。直觉是，当两家厂商的产品质量信号之间存在足够大的正相关时，声誉锦标赛机制相对于周转均衡机制可以更好地利用这种相关性，以减少厂商面临的不确定性，从而有助于其维持声誉。

第五节　小结

本章的主要结论有两个。一是刻画了当消费者存在水平差异、生产中存在不确定性时，体验品寡头市场上的一种声誉机制——声誉锦标赛均衡；二是当代理人（厂商）同质且风险中性时，揭示了不对称锦标赛策略的动态激励作用，而且刻画了最优偏离度及其影响因素。

当然，对于理解现实中的声誉排名，本章研究也有局限之处。现实中的声誉排名往往不是市场自动、无成本实现的，而是有第三方中介在具体操办。如何保证第三方中介一定会如实做出排名，不会出于利益原因操纵排名结果？要分析此类问题，需要将第三方中介正式纳入模型，考虑其与厂商、消费者之间的策略型互动。不过即使如此，本章的研究也有其意义所在。本章表明了，如果第三方中介要做出真实、最有效率的排名，它应该如何行动。这相当于“能力”层面的研究，至于第三方中介有没有“意愿”做出最有效率的排名，那是另一个层面的问题了。

第六节　相关结论的数学证明

引理4.2的证明：

式（4.5）减去式（4.3）并化简可得（A1）：$\delta(z-x)\left[\Phi\left(\frac{\bar{y}+h}{\sigma_d}\right)-\Phi\left(\frac{\bar{y}}{\sigma_d}\right)\right]\geqslant(1-\delta)(1-m)c$；而式（4.6）减去式（4.4）并化简可得（A2）：$\delta(z-x)\left[\Phi\left(\frac{\bar{y}}{\sigma_d}\right)-\Phi\left(\frac{\bar{y}-h}{\sigma_d}\right)\right]\geqslant(1-\delta)mc$。可见，给定式（4.3）和式（4.4），则激励相容条件（4.5）、（4.6）分别等价于式（A1）和式（A2）。$m\to 0$ 时，式（A2）是松约束。因为若式（A2）成立，必要的条件是 $z-x>0$。

从而式（A2）左边严格大于 0，式（A2）右边趋于 0，从而式（A2）成立。

而由式（A1）可得（A3）：$x \leqslant z - [(1-\delta)(1-m)c] / \left\{\delta\left[\Phi\left(\frac{\bar{y}+h}{\sigma_d}\right)-\Phi\left(\frac{\bar{y}}{\sigma_d}\right)\right]\right\}$。代入式（4.3）并化简可得（A4）：$z \leqslant (1-m)(p-c) - \left[(1-m)c\Phi\left(\frac{\bar{y}}{\sigma_d}\right)\right] \Big/ \left[\Phi\left(\frac{\bar{y}+h}{\sigma_d}\right)-\Phi\left(\frac{\bar{y}}{\sigma_d}\right)\right]$。又由式（4.3）+式（4.4）可得：$z+x=p-c$，即 $x=p-c-z$，代入式（A1）可得式（A5）：$z \geqslant \frac{1}{2}(p-c) + [(1-\delta)(1-m)c] \Big/ \left(2\delta\left\{\Phi\left[\frac{\bar{y}+h}{\sigma_d}-\Phi\left(\frac{\bar{y}}{\sigma_d}\right)\right]\right\}\right)$。比较式（A4）、式（A5）并化简即得式（4.8），其中 $\tau_z \equiv \frac{(1-m)c}{(1-2m)(p-c)}$。再稍作整理即得式（4.7）。证毕。

命题 4.3 的证明：

令 $G_z(\bar{y}) \equiv \left[\Phi\left(\frac{\bar{y}+h}{\sigma_d}\right)-\Phi\left(\frac{\bar{y}}{\sigma_d}\right)\right] \Big/ \tau_z - 2\Phi\left(\frac{\bar{y}}{\sigma_d}\right)$，则 $\lim_{\bar{y}\to-\infty} G_z(\bar{y}) = 0$，$\lim_{\bar{y}\to+\infty} G_z(\bar{y}) = -2$，而且：

$$G'_z(\bar{y}) = \left[\Phi\left(\frac{\bar{y}+h}{\sigma_d}\right)-\Phi\left(\frac{\bar{y}}{\sigma_d}\right)\right] \Big/ \tau_z\sigma_d - \frac{2}{\sigma_d}\Phi\left(\frac{\bar{y}}{\sigma_d}\right)$$

方程 $G'_z(\bar{y})=0$ 的唯一解为：$\bar{y}^*(m) = -\frac{h}{2} - \frac{\sigma_d^2}{h}\ln(1+2\tau_z)$。当 $m \to 0$ 且 $p=v_h$ 时［由包络定理易见 p 越大，$\max_{\bar{y}} G_z(\bar{y})$ 越大］，$\bar{y}^* = -\frac{h}{2} - \frac{\sigma_d^2}{h}\ln\left(\frac{v_h+c}{v_h-c}\right) < 0$。由于正态分布满足严格的单调似然率性质（Milgrom，1981），必然有：对任意的 $\bar{y} \in (-\infty, \bar{y}^*)$，$G'_z(\bar{y}) > 0$；对任意的 $\bar{y} \in (\bar{y}^*, \infty)$，$G'_z(\bar{y}) < 0$。从而 $\bar{y}^*$ 最大化了 $G_z(\bar{y})$，且 $G_z(\bar{y}^*) > 0$。又由于 $(1-\delta)/\delta$ 是 δ 的严格减函数，且当 $\delta \to 1$ 时，$(1-\delta)/\delta \to 0$。则对所有 $\delta \geqslant \delta^*(\bar{y})$，式（4.7）有解；其中 $\delta^*(\bar{y})$ 满足 $G_z(\bar{y}^*) =$

$(1-\delta^*)/\delta^*$。证毕。

命题 4.5 的证明：

首先假设 z 和 x 存在且 $z>x>0$ 时，比较式（A1）和式（A2）可知，若 $m<m'\equiv\left[\Phi\left(\frac{\bar{y}}{\sigma_d}\right)-\Phi\left(\frac{\bar{y}-h}{\sigma_d}\right)\right]\Big/\left[\Phi\left(\frac{\bar{y}+h}{\sigma_d}\right)-\Phi\left(\frac{\bar{y}-h}{\sigma_d}\right)\right]$，则式（A1）是更严格的约束；若 $m>m'$，则式（A2）是更严格的约束。

当式（A2）是更严格的约束时，类似于引理 4.2 的证明，可得式（A6）：$\left[\Phi\left(\frac{\bar{y}}{\sigma_d}\right)-\Phi\left(\frac{\bar{y}-h}{\sigma_d}\right)\right]\Big/\tau_x-2\Phi\left(\frac{\bar{y}}{\sigma_d}\right)\geqslant\frac{1-\delta}{\delta}$［类似于式（4.8）］，其中 $\tau_x=\frac{mc}{(1-2m)(p-c)}$。不等式（A6）成立的一个必要条件是左边大于 0，即 $(1-2\tau_x)\Phi\left(\frac{\bar{y}}{\sigma_d}\right)-\Phi\left(\frac{\bar{y}-h}{\sigma_d}\right)>0$；从而要求 $1-2\tau_x>0$，化简即可得：$m\leqslant\frac{1}{2}\left(1-\frac{c}{p}\right)\leqslant\frac{1}{2}\left(1-\frac{c}{v_h}\right)$。

综上，结合引理 4.2 的证明过程可知，z 和 x 存在且 $z>x>0$ 的必要条件是：$m\leqslant\frac{1}{2}\left(1-\frac{c}{v_h}\right)$。给定 $m'<m\leqslant\frac{1}{2}\left(1-\frac{c}{v_h}\right)$，则剩下的过程类似于命题 4.3 的证明。令 $G_x(\bar{y})\equiv\left[\Phi\left(\frac{\bar{y}}{\sigma_d}\right)-\Phi\left(\frac{\bar{y}-h}{\sigma_d}\right)\right]\Big/\tau_x-2\Phi\left(\frac{\bar{y}}{\sigma_d}\right)$，则解 $G'_x(\bar{y})=0$ 可得：$\bar{y}^{**}=\frac{h}{2}+\frac{\sigma_d^2}{h}\ln(1-2\tau_x)$。从而可以由 $G_x(\bar{y}^{**})=\frac{1-\delta^*(m)}{\delta^*(m)}$ 求出临界贴现因子 $\delta^*(m)$。

另外，当 $m>m'$ 时，由包络定理，$\max_{\bar{y}}G_x(\bar{y})$ 是 τ_x 的减函数，而 τ_x 是 m 的增函数，因此 $\max_{\bar{y}}G_x(\bar{y})$ 是 m 的减函数；再由 $G_x(\bar{y}^{**})=\frac{1-\delta^*(m)}{\delta^*(m)}$ 可知 $\delta^*(m)$ 是 m 的增函数。当 $m<m'$ 时，根据命题 4.3 的证明，$\delta^*(m)$ 由 $G_z(\bar{y}^*(m))=(1-$

δ^*）/δ^*决定，类似可证δ^*（m）是m的增函数。综合起来，对所有$m \leqslant \frac{1}{2}\left(1-\frac{c}{v_h}\right)$，$\delta^*$（m）是m的增函数。证毕。

命题4.6的证明：

当$m > m'$时，$\bar{y}$不可能取正值；否则由标准正态分布函数的性质可知，

$$\left[\Phi\left(\frac{\bar{y}}{\sigma_d}\right)-\Phi\left(\frac{\bar{y}-h}{\sigma_d}\right)\right] > \left[\Phi\left(\frac{\bar{y}+h}{\sigma_d}\right)-\Phi\left(\frac{\bar{y}}{\sigma_d}\right)\right]$$

从而 $m > m' \equiv \left[\Phi\left(\frac{\bar{y}}{\sigma_d}\right)-\Phi\left(\frac{\bar{y}-h}{\sigma_d}\right)\right] \Big/ \left[\Phi\left(\frac{\bar{y}+h}{\sigma_d}\right)-\Phi\left(\frac{\bar{y}-h}{\sigma_d}\right)\right] > \frac{1}{2}$，与$m < \frac{1}{2}$冲突。证毕。

第五章　价格管制与过度医疗*

第一节　引言

过度医疗近年在中国引起越来越多的关注。据官方披露，2009 年中国医疗输液用量达 104 亿瓶，相当于 13 亿人口每个人输了 8 瓶液，远远高于国际上 2.5—3.3 瓶的水平①；2007 年 10 月至 2008 年 5 月，中国剖宫产率高达 45.2%，是世界卫生组织推荐上限的 3 倍以上②。在美、英等发达国家，医疗机构的抗生素使用率仅为 22%—25%；而 2006—2007 年度卫生部全国细菌耐药监测结果显示，中国住院患者的抗生素使用率高达 70%，其中外科患者几乎人人都用抗生素，比例高达 97%③。以上例子可归结为过度医疗的一种形式：过度治疗（过度用药或过度手术）。过度医疗的另一种形式是过度检查，即诱导患者做不必要的检

---

* 本章主要内容曾以《价格管制与过度医疗》为题发表于《世界经济》2013 年第 1 期，署名：杜创。

① 国家发改委副主任朱之鑫在 2010 年十一届全国人大常委会第十八次会议上披露的数据。

② 2010 年年初世界卫生组织在医学权威期刊《柳叶刀》（*The Lancet*）上发布报告披露的数据（Lumbiganon et al., 2010）。

③ 转引自《我国成抗生素滥用最严重国家　专家建议立法规范》，《新京报》2010 年 12 月 2 日。

查，并为此支付昂贵的费用。这方面一个备受关注的例子是2011年6月14日，江苏省物价局通报了全省医药卫生服务价格大检查的结果，检查的20家各省辖市市属大医疗机构多多少少都暴露出各种乱收费的问题，如有的医疗机构对住院病人特别是需要手术的病人，进行乙肝、丙肝、性病和艾滋病检验并收取检验费，某医疗机构对治疗手部掌指骨骨折切开复位内固定术的患者还收取阴道分泌物检验费①。

为什么过度医疗在中国成为一个普遍现象？对此问题，一个直接的反应是医疗机构商业化、市场化造成的，认为医疗服务中存在信息不对称，商业化环境下医生会利用其拥有的疾病诊疗知识欺骗患者以牟利，此即卫生经济学中著名的"供给诱导需求"假说（Folland et al.，2001）。然而，在一些发达市场经济国家如美国、德国等，医疗机构也是高度市场化的，但过度用药等问题并不严重。另一种解释是认为过度医疗是医疗市场垄断的结果。中国确实存在公立医疗机构垄断医疗市场的问题②。但这种解释似乎面临一个"悖论"：过度医疗往往意味着医疗机构提供了过度服务，而按照微观经济学的标准理论，垄断市场条件下经常出现的是服务不足（产量不足）。分析中国的过度医疗问题，需要了解的另一个制度背景是：中国医药服务行业存在严格的价格管制。多达数千种的医疗服务和药品价格受到政府的严格管制（详见本章第二节）。过度医疗是在严格价格管制的背景下发生的。

本章构建了一个信息不对称条件下的博弈论模型，试图解释如下问题：（1）垄断条件下过度医疗是否可以作为一种均衡现象出现？（垄断条件下经常出现的是服务不足）（2）过度医疗与垄

---

① 《江苏部分医疗机构术前查艾滋 物价局卫生厅各执一词》，《扬子晚报》2011年6月17日。

② 朱恒鹏（2007）称之为一种"双向垄断"：面对众多的医疗生产要素供给方，公立医疗机构处于买方垄断地位，因为它控制着80%以上的医疗市场；而面对患者，公立医疗机构则处于卖方垄断地位，因为它控制着80%以上的医疗服务供给以及药品零售，尤其是它还控制着公费医疗与医保的报销资格。

断、价格管制之间是否存在因果关系？（3）两种形式的过度医疗——过度检查与过度治疗——是否有相同的福利效应（对医药费用、就诊概率的影响）？

假设患者得了某种疾病，病情可能较轻也可能较严重。若病情较轻，则仅需简单治疗；若病情较重，则需复杂治疗。复杂治疗也可以治好轻病，但简单治疗无法治好重病。患者只知道自己生病了及生重病的概率，但不知需要简单治疗还是复杂治疗；医生知道患者需要复杂治疗还是仅需简单治疗即可。患者存在收入水平（可自负医疗费用的能力）的差别，收入水平是患者的私人信息，医生不知道。市场上只有一家医疗机构。价格管制指医疗机构（医生）的诊断服务费用受到管制。

模型的结论是，给定垄断市场结构，则价格管制（诊费管制）是导致过度医疗的原因；价格管制均衡中，过度医疗与诊疗不足并存。当不存在价格管制时，垄断者没有必要实施过度医疗。医疗机构可以采取第二类价格歧视定价。具体做法是：采取两组收费方法，由患者自行选择。第一组收费方法是：一次性收取诊断服务费 s，告知诊断结果之后，再按相等的利润（equal markup）收取复杂治疗或简单治疗的费用。第二组收费方法是：不收取诊断服务费（或诊断服务费接近于 0），不论病情仅实施简单治疗，并相应收费。博弈的均衡是：高收入者选择接受第一组收费方法，中等收入者选择接受第二组收费方法，低收入者不就诊（收入水平低于简单治疗费用者）。医疗机构在第一组收费方法情况下采取有效率的诊疗，即患者病情较轻则简单治疗，患者病情较重则复杂治疗；在第二组收费方法情况下会出现诊疗不足，即不论患者病情轻重一律简单治疗，并收取相应费用。以上均衡符合第二类价格歧视的基本原理：高端消费者得到有效率的结果，中低端消费者方面存在扭曲。直觉是：对高收入患者，垄断的医疗机构可以通过收取足够高的诊断服务费来获得大部分垄断租金，而不必通过欺骗性的过度医疗获取利润；而中低收入患者方面存在扭曲，是因为收入是私人信息，垄断的医疗机构必须通过对中低收入患者诊疗不足，以防止高收入患者冒充中低收入患者。因此，当不存在价格管制时，即使市场是垄断的，也不存在过度医疗，但可能出现诊疗不足。

当实施诊费管制时，过度医疗与诊疗不足并存。均衡为以下两种情况之一。一种情况是部分维持前述两组收费方法，但是将直接收取的诊断服务费改为通过要求患者做不必要的各种检查来收费实现，此时过度医疗表现为“过度检查”（称为“过度检查均衡”）。另一种情况是医疗机构转而采取含过度治疗的价格歧视策略：两组收费方法，第一组不论病情轻或重，一律实施复杂治疗；第二组不论病情轻或重，一律实施简单治疗。两组都不收取诊费，但定价使得复杂治疗的期望利润高于简单治疗的期望利润。均衡中高收入者选择第一组，接受复杂治疗，因此被“过度治疗”，但治疗效果得到保证；中等收入者选择第二组，仅接受简单治疗，费用较低，但治疗效果得不到保证；低收入者不就诊（称为“过度治疗均衡”）。以上两种形式的均衡即我们通常所称的“以药养医”[①] 和“以检养医”。

两种均衡都有可能出现，均衡选择取决于现实可行性情况及参数条件。首先，过度检查并不总是可行的：医疗机构可能无法负担购买大型设备的成本（如由于资本市场的不完善），或一些纯粹医学上的原因也会限制过度检查的可行性（如一些门诊服务，过度检查并不能完全替代直接收取的诊费 s）。其次，即使过度检查是可行的，对医疗机构而言是否优于过度治疗也要取决于具体的参数条件，即检查设备一次性成本投入小于过度检查带来的利润增加（相对于过度治疗）。具体而言，市场容量越大、检查设备一次性成本投入越小，则医疗机构更可能选择过度检查而非过度治疗。

---

① 过度治疗的主要方式即是多开药、开贵药，由此形成“以药养医”的局面。

比较诊费管制的效果可知，存在诊费管制时，过度检查均衡中的医药费用水平及高、中、低收入的界限等与无价格管制时的均衡结果相同。而存在诊费管制时，过度治疗均衡中复杂治疗的费用高于无价格管制时复杂治疗的费用（含诊断服务费）；过度治疗均衡中简单治疗的费用高于无价格管制时（中等收入者选择的）第二组收费方法中简单治疗的费用。直觉是：在过度治疗条件下，医生更多地采用了复杂治疗方法，治疗成本更高，因此费用更高；而大型检查的边际成本接近于0，因此过度检查的收费可以等同于医疗服务收费。由此可得到两个引申的含义。第一，过度检查和过度治疗的福利效果是不同的，过度治疗更可能带来医疗费用的上涨；第二，医药服务价格管制反而带来了医疗费用的上涨。

本章还分析了药品收益率管制的影响。给定诊费管制已经存在，则进一步的药品收益率管制（15%加价率）具有次优性质，可提高就诊率。因为收益率管制限制了过度治疗均衡中医疗机构可以收取的费用水平，从而扩大了患者对诊疗的需求。

根据上述模型，可得到一些可验证的结论。如第一，在大城市，由于市场容量更大，具有垄断性质的大型公立医院更可能采取过度检查而非过度治疗的方式；而在农村地区，由于市场容量较小，具有垄断性质的乡镇卫生院更可能采取过度治疗的方式。由此导致，乡镇卫生院等基层医疗机构的药占比要远远高于城市地区的大型公立医院①。这与现实中的观察是一致的，如2009年全国政府办医院药品收入占业务收入的平均比重为46.1%，而乡镇卫生院这一比例为54.0%②。第二，价格管制条件下过度医疗与诊疗不足并存。过度医疗的数据例证见本章第一段。而根据2008年第四次国家卫生服务调查（卫生部信息中心，2009，第

---

① 大型公立医疗机构总医药费用水平高于乡镇卫生院，是由于城市地区患者群体的平均收入水平远高于农村。

② 根据《2010中国卫生统计年鉴》表4-3-4中数据计算。

3—4 页），我国居民两周患病未就诊率达到 37.6%，未就诊原因中经济原因（经济困难或就诊太贵）占 23.4%；应住院未住院的比例为 25.1%，应住院未住院原因中经济困难占 70.3%。

本章的政策含义：放开医疗服务价格的可行性。一些研究者担心放开医疗服务价格后，会出现医疗服务收费上升、药品检查费用却不降的后果。基本的经济学常识是：即使追求利润最大化的垄断者也不会无限地抬高收费水平，垄断者必须在提高单次总收费与降低交易量之间权衡。本章通过严格的理论模型证明：放开医疗服务价格不会导致总费用上升，相反可能使总费用下降。因为，为了赚取同样的 100 元钱，过度治疗情况下可能需要收费 300 元（药品成本 200 元）；而放开医疗服务价格，则直接收取 100 元诊断服务费就可以了，而且总费用降低，还可吸引更多患者前来就诊。2012 年北京市公立医院改革试点取消“以药补医”，建立医事服务费制度，实现“医药分开”，具体措施包括取消挂号费和诊疗费，废止 15% 的药品加成政策，药品实行进价销售；建立医事服务费制度，普通门诊、副主任医师、主任医师、知名专家医事服务费分别为 42 元、60 元、80 元、100 元，急诊医事服务费 62 元，住院每床日医事服务费 80 元。2012 年 7 月 1 日开始在友谊医院、9 月 1 日开始在朝阳医院实行。其增加医疗服务补偿、降低药费的模式接近于本章分析的不存在价格管制时的均衡。

本章主要相关文献是信任品研究，详细综述见第二章。这里再补充一些信任品研究以外与本章相关的文献。

刘小鲁（2011）也是以中国公立医院垄断与医疗体系价格管制为背景，但是认为在医药一体化下，单纯的诊疗费管制不会导致过度治疗，“以药养医”以及“以械养医”是政府对诊疗、药品销售以及医疗设备使用进行系统性管制的结果；因为若只有诊疗费管制、无药品价格管制，则医院只需要提高药品价格即可，无须多开药。该文与本章结论略有差异的原因在于：第一，该文

“过度治疗”指药品使用数量的增加，没有考虑“诊断升级”的问题，而本章的重点则是“诊断升级”，即医疗机构将轻病诊断为重病，因此需要更贵、更好的药，而药品数量可能不变。这也是一种“过度治疗”，无法单纯用同一种药品价格的上升来解释。第二，该文研究的是同质消费者，因此不存在价格歧视，也就不需要考虑消费者的“承诺能力”问题；而本章研究的是异质消费者情形，并认为在垄断者实施价格歧视策略时，消费者缺乏“承诺能力”。

此外，已有经济学理论表明：在没有价格管制的情况下，垄断是无法延伸的，即厂商不能将自己在A商品上的垄断能力延伸到自己没有垄断力的B商品上；不过，如果政府对垄断商品实施价格管制，厂商可以通过将该垄断商品A和另一种非垄断商品B捆绑在一起销售的办法，将A商品受到管制约束的垄断权力延伸到B商品上，从而尽可能多地攫取垄断租金。和没有价格管制从而也无须捆绑销售相比，这种做法存在很大的效率损失，买卖双方的福利均有明显的下降，从而整个社会的福利水平也有明显的下降，此种现象经济学中称之为“租金耗散”（dissipation of rent）（Cheung，1974，1975，1979；Barzel，1997）。寇宗来（2010）沿着这一思路建立数理模型分析了“以药养医”体制与“看病贵、看病难”问题之间的内在逻辑。认为虽然政府将诊疗价格规制于较低水平，但由于“医”和“药”具有强烈的互补性，而“处方”又不能自由流通，医院可以通过“打包销售”方式将垄断力量拓展到药品市场上，进而造成了以药价高为特征的“看病贵”问题；进一步，为了增强药品抽租的效力，医院有积极性提高患者就诊的“麻烦成本”以降低患者的就诊时间，造成了“看病难”问题。不过该模型只考虑了代表性消费者，也没有引入非对称信息；为了限制医生提高药价的能力，该文假设药品价格由医生和患者谈判决定。此外，该文只是分析了过度用药问题，没有分析过度用药与过度检查的差异。本章建立严格的数理模型，通过引入信息不对称和异质性消费者假设，在上述已有文献基础上进一步回答了如下关键问题。(1) 按照微观经济学的基本理论，垄断条件下经常出现的是服务不足（产量不足），过度医疗在某种意义上可以看作垄断者提供了过多的服务，二者是否冲突？(2) 两种形式的过度医疗——过度检查与过度治疗——是否有相同的福利效应（对医药费用、就诊率的影响）？(3) 为什么收取足额诊费对于避免过度医疗是必需的？①

第二节　中国的医药价格管制

分析中国医药服务行业价格管制政策的前提是明晰“什么是医药服务价格”。对于这个问题，人们实际上有不同的理解。以某种特定疾病的住院服务为例，诊疗过程中要缴纳的费用可能包括：挂号费、床位费、护理服务费、CT 检查费、B 超检查费、某种药品的费用、手术费、材料费等。因此对于医疗服务价格可能有两种认识：一种认为医疗服务价格由挂号费、床位费、护理服务费、CT 检查费、B 超检查费、某种药品的费用、手术费、材料费这些不同的价格组成，可称为“基于治疗项目的费用”（treatment - based)；另一种不去具体区分由挂号费、床位费、护理服务费、CT 检查费、B 超检查费、某种药品的费用、手术费、材料费等具体价格，而是关注该特定疾病一次住院总共花费了多少钱，并将这些费用之和作为医疗服务的价格，可称为“基于疾病

① 说明性的例子。假设某种疾病简单治疗成本 50 元，复杂治疗成本 200 元，无价格管制时垄断者最优选择是收诊费 100 元，治疗本身仅收成本费。现在加入价格管制，不允许收诊费。为什么垄断者不可以：简单治疗收费 150 元，复杂治疗收费 300 元？注意两种情况下垄断者的利润都是 100 元，不会有过度医疗动机。现有的药品加成率管制（医疗机构药品利润率不能超过 15%）不能完全解释上述疑问。因为药品加成管制政策本身是差别加成管制，即低价药高加成率、高价药低加成率，差别加成有助于实现上述相同的利润水平。本章模型则表明，即使没有加成率管制，只要诊费受到管制，仍然会存在过度医疗。

的费用”（disease - based）（Aizcorbe and Netoriak，2008）。自Scitovsky（1964）以来，卫生经济学家一致推荐使用“基于疾病的费用”作为医疗服务价格的度量指标，发达国家流行的住院“按病种付费”正是基于这一度量指标。本章数学模型中的“价格”一般也是指“基于疾病的费用”（或者分解为诊断服务费与其他费用之和）。

按照上述理解，中国医药服务行业价格管制的特征有二。（1）管制的“价格”实际上是“基于治疗项目的费用”，主要方式是成本加成。以住院服务为例，这意味着要逐项测算床位成本、医用材料成本、医疗检查成本、药品成本、医护人员人工成本，等等；并按一定加成率（根据医疗机构级别等）逐项规定床位费、医用材料费、检查费、药品费、护理费等。与市场体制下形成的“按病种付费”“按人头付费”等“基于疾病的费用”（disease - based price）截然不同①。（2）压低医疗服务价格，但允许在药品销售、医疗检查收费上获得一定的利润。体现医生医疗服务水平的门诊挂号费、处方费等实际上是按边际成本定价的，并不包含获得医学教育成为医生的固定成本，因此可以定得非常之低。以北京市为例，1999 年北京市物价局和卫生局下发了《北京市统一医疗服务收费标准》，对多达 5000 余种医疗服务在不同级别医疗机构的收费标准作出了具体规定。此后十余年，除了部分调整外，该收费标准基本未变。以三级医疗机构收费标准为例：普通门诊挂号费 0.5 元/人·次，普通病房床位费 24 元/床·日（卫生间、中央空调及病房一般设备），一级护理 7 元/天（二级 5 元/天，三级 3 元/天）。本章第五节和第六节将表明，价格管制的这两个特征具有内在联系，即给定诊费管制（压低医疗服务价格），则成本加成式的收益率管制具有次优性质。

---

① 当前国内部分医疗机构和医保机构在试点按病种付费、按人头付费，但在医疗机构业务中所占比重很小。

上述管制方式的一个潜在问题是：虽然能够详细规定每一项具体医疗服务的价格，但管制机构依然难以决定每种疾病诊疗的总费用：因为用什么药、用药多少、要做什么检查、住院多少天，必须由医生根据其专业技术及患者疾病状况做出决定。按“基于疾病的费用”看，中国医疗服务行业并不存在价格管制（从病人的角度看，一次诊疗花费多少并不存在“天花板”）。

本章将医药价格管制政策的上述特征作为外生制度背景，探讨其影响。①

第三节　模型设定

共有 N 个患者得了某种疾病。对每个患者而言，发病程度较重的概率为 x；程度较轻的概率为 1 - x。有两种治疗方法：简单治疗和复杂治疗。无论病情轻重，实施复杂治疗总可以治好病；若实施简单治疗，可以治好轻病，不可以治好重病。患者不知道自己需要简单治疗还是复杂治疗。只有一家医疗机构可以诊断患者的病情，并决定是需要简单治疗还是复杂治疗。若实施简单治疗，则医疗机构成本为 $\underline{c}$；若实施复杂治疗，医疗机构成本为 $\overline{c}$。假设 $\overline{c} > \underline{c} > 0$。

患者的效用函数形式为：

$$U = H \cdot Y$$

其中 U 为效用水平，H 为患者的身体状况，若疾病被治愈，则

① 至于为什么会形成压低医疗服务价格却允许药品销售利润存在的定价方式，一种可能的解释是计划体制的惯性。计划体制下，将教育投入方面的固定成本单独计算单独补偿，比摊入每次医疗服务进行补偿在操作上更简单；因为在计划体制下医学教育筹资可完全由财政负担，个人免费接受医学教育；因此对个人而言，医疗服务提供不存在固定成本，按边际成本定价的模式变得可以接受。周其仁（2008，第 38—41 页）提供了另一种解释：医务人员劳务成本是连续性信息，对其进行严格控制有助于降低“物价总指数”；而药品、器械，特别是新药、新检查仪器，过去根本没有，价格再贵也无涉“基数”，看不出“指数”的变动。

H = 1；若不就医或疾病未被治愈，则 H = 0。Y 为患者的净收入，

$$Y = y - p_i$$

其中 p_i 是患者因接受治疗而支付的费用，i = 1 表示简单治疗，i = 2 表示复杂治疗。为统一表达式，令 $p_0 = 0$ 表示不去看病①。$y \in (k, +\infty)$ 为患者的收入水平（或可支配的资产），其中 k 为任意满足 $k \in (0, +\infty)$ 的实数。收入水平是患者的私人信息，医疗机构仅知道患者收入水平的分布。为简单计，假设患者收入水平服从帕累托分布②：分布函数为 $\Phi(y) = 1 - \left(\frac{k}{y}\right)^{\alpha}$，$y \geq k$，$0 < k < \underline{c}$，$\alpha > 1$，因此密度函数 $\varphi(y) = \alpha k^{\alpha} y^{-\alpha-1}(y \geq k)$。患者之间收入水平独立同分布。

博弈的时序如下：

（1）自然选择患者生重病或轻病，患者仅知道自己生病了，不知病情轻重。

（2）医疗机构列示服务价格及收费方式：单独列出诊费，并按简单治疗、复杂治疗各列一个增加的费用，或者，不单独列出诊费，按简单治疗、复杂治疗各列一个费用，等等。价格是公开信息。

（3）患者选择是否就医。若不就医，博弈结束。

（4）若患者选择就医，医疗机构诊断，并告诉患者是需要简单治疗还是复杂治疗。

（5）患者选择是否接受治疗。

假设 5.1：在接受治疗之后，患者知道医疗机构是实施了简单治疗还是复杂治疗。

---

① 根据此处关于效用函数的假设，患者不就医和就医但未治愈得到的效用都是 0。若采用更一般的假设，使二者有差别，不会改变文章的基本结论；唯一的影响只是使后文命题 5.1、命题 5.2 中高收入、中等收入、低收入患者的分界点数值略有改变。

② 帕累托分布是收入分配研究中常用的一种模拟人群中收入分布状况的分布函数，因意大利经济学家帕累托最早发现 20% 的人口拥有 80% 的财富而得名。采用更一般的分布函数并不改变文章的结论，只是命题证明过程将更为复杂烦琐。

假设 5.1 排除了不当收费（overcharge）的情况：医疗机构仅对患者实施了简单治疗，但欺骗患者说实施了复杂治疗并按复杂治疗收费。虽然这种情况在现实中也有发生，但大多数情况下患者还是能分清自己接受了什么类型的治疗。因此本章研究的主要是“不当治疗”（overtreatment）问题：患者仅需要简单治疗，但医疗机构建议并实施了复杂治疗；或患者需要复杂治疗，但医疗机构建议并实施了简单治疗。

假设 5.2：医疗机构不会因未治好病受到法律惩罚或支付经济赔偿。

虽然现实中也存在医生因为医疗事故受到惩罚的情况，但这毕竟是一种极端。如果病人需要复杂治疗，医生仅实施了简单治疗，只要不酿成医疗事故，一般病人无法要求医生因为未治好病而退款。

假设 5.3：在医疗机构选择诊疗手段时的子博弈中，若选择简单治疗与复杂治疗时医疗机构的期望收益相等，则医疗机构总是推荐有效率的诊疗方法（轻病简单治疗、重病复杂治疗）。

根据假设 5.3，医生至少遵守最低程度的道德标准，即当不涉及经济利益时，医生总是愿意为病人推荐有效、成本低廉的治疗方法。假设 5.3 排除了混合策略的可能性。因为当医生实施混合策略，即对某种程度的病情（轻或重）以一定的概率推荐简单治疗、一定的概率推荐复杂治疗时，必然是实施简单治疗和实施复杂治疗带来的后续期望收益相等。但这与假设 5.3 矛盾，因为根据假设 5.3，此时医生只会按照病情轻重确定性地选择某种治疗方法。

假设 5.4：（no commitment）在医疗机构做出诊断之后，患者可以重新选择是否接受治疗及接受何种类型治疗。

假设 5.4 实际起作用是在医疗机构实施价格歧视策略的时候。医疗机构采取两组收费方式（治疗方式），取决于收费水平，患者可能会在第一组接受诊断，到第二组治疗。

由于假设 5.4，我们要分析的实际上是一个不完全信息动态博弈，相应的均衡概念为完美贝叶斯均衡（PBE，以下简称均衡）。

在进入分析之前，我们首先考虑一下有效率的诊疗和有效率的资源配置。很显然，根据模型设定，有效率的诊疗是：患者得轻病，医生诊断为轻病并实施简单治疗；患者得重病，医生诊断为重病并实施复杂治疗。有效率的资源配置是：$y \geqslant \bar{c}$ 的患者在生重病时接受复杂治疗，在生轻病时接受简单治疗；$y \in [\underline{c}, \bar{c}]$ 的患者仅接受简单治疗。

第四节　无价格管制时的均衡

根据假设 5.3，混合策略无法构成均衡。而对任何特定的患者，医疗机构可行的纯策略仅有三种：有效率的诊疗（小病小治、大病大治）、过度医疗（无论病情轻重，一律复杂治疗）、诊疗不足（无论病情轻重，一律简单治疗）。设复杂治疗的价格为 p_2，简单治疗的价格为 p_1。则医疗机构全部可能的策略如下。

（i）仅实施简单治疗。

对所有前来就诊的患者，不论病情轻、重，一律实施简单治疗。

（ii）仅实施复杂治疗。

对所有前来就诊的患者，不论病情轻、重，一律实施复杂治疗。

在上述两种情况下，医疗机构的利润最大化问题都可以写为：

$$\max_{p}[1-\Phi(p)](p-c)$$

其中，$c=\underline{c}$ 时表示仅实施简单治疗，$c=\bar{c}$ 时表示仅实施复杂治疗。

（iii）仅实施有效率的诊疗。

对所有前来就诊的患者，一律实施有效率的诊疗。当以收取诊费 s 方式实施有效率的诊疗时，$y \in (s+\underline{c},\ s+\bar{c})$ 的患者在得知病情为轻时将选择治疗，在得知病情为重时选择不治疗；但这并不影响医疗机构获得利润 s。最优化问题为：

$$\max_{s}[1-\Phi(s+\underline{c})]s$$

以上是当医疗机构不实施价格歧视时全部可能的三种策略①。医疗机构的价格歧视策略不外是上述策略的不同组合而已。

（iv）含有效率诊疗的价格歧视。

考虑医疗机构的如下策略组合。出示两组价格列表，第一组：收取诊费 s，并按照病情实施有效率的诊疗，简单治疗和复杂治疗分别收费 p_1^h、p_2^h；第二组：无论病情，固定收费 p_1^l，仅采取简单治疗。则医疗机构在第一组实施有效率治疗的激励相容条件为：

$$p_1^h-\underline{c}=p_2^h-\bar{c}\equiv d$$

考虑给定医疗机构策略时选择第一组或第二组的患者的收入特征，则可得到患者的参与约束条件和事前激励相容条件。

参与约束：选择第一组并接受复杂治疗的条件：$y-s-p_2^h \geqslant 0$，接受简单治疗的条件：$y-s-p_1^h \geqslant 0$。选择第二组的患者条件：$y \geqslant p_1^l$。

事前激励相容约束（Ex Ante IC）。患者选择第一组优于选择第二组的条件是：

$$x(y-s-p_2^h)+(1-x)(y-s-p_1^h) \geqslant (1-x)(y-p_1^l)$$

由此可得：

---

① 对所有病人“轻病重治”且“重病轻治”显然不是最优的，此处略去。另外，当仅实施有效率的诊疗时，如果不采取收诊费的方式，而是对简单诊疗和复杂诊疗分别一次性收费，则必然要求 $\max_{p_1,p_2}(1-x)[1-\Phi(p_1)](p_1-\underline{c})+x[1-\Phi(p_2)](p_2-\bar{c})$　s.t. $[1-\Phi(p_1)](p_1-\underline{c})=[1-\Phi(p_2)](p_2-\bar{c})$，约束条件下的极值等于仅实施复杂治疗的利润，严格小于仅实施简单治疗的利润。

$$y \geqslant \frac{s + xp_2^h + (1-x)p_1^h - (1-x)p_1^l}{x}$$

$$= s + d + \bar{c} + \frac{(1-x)(s + d + \underline{c} - p_1^l)}{x}$$

$$\equiv \tilde{y}$$

可见结果将是高收入者（$y \geqslant \tilde{y}$）选择第一组，中等收入者（$p_1^l \leqslant y < \tilde{y}$）选择第二组，低收入者（$y < p_1^l$）不就诊。

在含有效率诊疗的价格歧视策略中，若不收取诊费，则医疗机构只能是按如下方式出示两组价格列表，第一组：按照病情实施有效率的诊疗，但不收诊费，简单治疗和复杂治疗分别收费 $p_1^H \equiv s + p_1^h$，$p_2^H \equiv s + p_2^h$；第二组：无论病情，固定收费 p_1^l，仅采取简单治疗。考虑给定医疗机构策略时选择第一组或第二组的患者的收入特征，同样可得到参与约束条件和事前激励相容条件，选择第一组的患者满足：

$$y \geqslant p_2^H + \frac{(1-x)(p_1^H - p_1^l)}{x} \equiv \tilde{y}$$

但此时若均衡存在，必有 $p_1^H = p_1^l$。因为若均衡中 $p_1^H < p_1^l$，则不会有患者选择第二组。因为选择第一组，当病情轻时选择简单治疗，净效用大于选择第二组；当病情重时可选择不治疗，净效用亦大于第二组。但若 $p_1^H > p_1^l$，也会带来一个问题：选择第一组的患者若被告知病情很轻，将有放弃治疗并转到第二组的可能。这种“反悔”事前将冲击医疗机构说真话的积极性。由 $p_1^H = p_1^l$ 可知：

$$\tilde{y} \equiv p_2^H$$

此外，要使得医疗机构对第一组的患者说实话，价格又必须满足：

$$p_2^H - \bar{c} = p_1^H - \underline{c}$$

此时针对每个患者，定义医疗机构的期望利润函数 $\tilde{\pi}_{ed}$（p_1^H，p_2^H，p_1^l）：

$$\tilde{\pi}_{ed}(p_1^H, p_2^H, p_1^l) \equiv [1-\Phi(\bar{y})][x(p_2^H-\bar{c})+(1-x)(p_1^H-\underline{c})]+[\Phi(\bar{y})-\Phi(p_1^l)](p_1^l-\underline{c})$$

则 $\tilde{\pi}_{ed}(p_1^H, p_2^H, p_1^l)=[1-\Phi(p_1^l)](p_1^l-\underline{c})$，可见其利润不会超过仅实施简单治疗的利润。

解决上述问题的方法是收取诊费 $s>0$。诊费起到了施加“事中”激励相容约束（Interim IC）的作用，使得 $p_1^H>p_1^l$ 成为可能。

事中激励相容约束（Interim IC）：当高收入者选择第一组，并得知其病情为轻时，没有转到第二组的动力或可能性。

为此医疗机构必须采取二阶段收费，即在告知病情之前先收取诊断费用 s 并使得：

$$p_1^H - s \leqslant p_1^l$$

即 $s \geqslant p_1^H - p_1^l$。

在收取诊费的情况下，针对每个患者重新定义医疗机构的期望利润函数 π_{ed}（s，d，p）：

$$\pi_{ed}(s, d, p) \equiv [1-\Phi(\tilde{y})](s+d)+[\Phi(\tilde{y})-\Phi(p)](p-\underline{c})$$

（v）含过度治疗的价格歧视。

过度治疗的含义是：不论病情为轻或重，医疗机构都推荐复杂治疗。过度治疗条件下部分患者仍视诊疗为有意义的，因为复杂治疗一定可以治好病，使身体恢复健康；而简单治疗仅在病情简单时可以治好病。含过度治疗的价格歧视策略是，医疗机构采取两组收费方式：第一组，不论病情为轻或重，实施复杂治疗并收费 p_2；第二组，不论病情为轻或重，实施简单治疗并收费 p_1。

在不知病情轻重的情况下，对患者而言复杂治疗优于简单治疗的条件是：

$$y-p_2 \geqslant (1-x)(y-p_1)$$

即：

$$y \geqslant \frac{p_2-(1-x)p_1}{x} \equiv \hat{y}$$

接受简单治疗优于不去看病的条件是：

$$(1-x)(y-p_1)>0$$

即：

$$y \geqslant p_1$$

因此医疗机构可以实施价格歧视策略，选择 p_1、p_2、$\hat{y}$ 使得：收入水平低于 p_1 的患者不接受治疗，收入水平 $y \in [p_1, \hat{y})$ 的患者选择简单治疗；收入水平 $y > \hat{y}$ 的患者选择复杂治疗。其中 $\hat{y} = \frac{p_2-(1-x)p_1}{x}$。医疗机构选择的治疗方式与实际病情状况无关，医疗机构和患者都清楚这一点。医疗机构的目标是在上述约束下实现利润最大化。

此种情况下，针对每个患者，定义医疗机构的期望利润函数 $\pi_{od}(\cdot, \cdot)$：

$$\pi_{od}(p_1, p_2) \equiv \left[1-\Phi\left(\frac{p_2-(1-x)p_1}{x}\right)\right](p_2-\bar{c}) + \left[\Phi\left(\frac{p_2-(1-x)p_1}{x}\right)-\Phi(p_1)\right](p_1-\bar{c})$$

除上述五种策略外，其他可能的纯策略还包括：（vi）医疗机构对高收入群体实施有效率的诊疗，对中等收入群体仅实施复杂治疗，并且其价格使得低收入群体不选择治疗；（vii）医疗机构对高收入群体实施有效率的诊疗，对中等收入群体仅实施复杂治疗，对低收入群体仅实施简单治疗，并且其价格使得最低收入群体不选择治疗；（viii）在（vi）（vii）中变换不同策略出现的顺序。

但通过很简单的推理即可证明：有效率的诊疗与复杂治疗优先不可能同时属于某一套价格歧视方案。反证法。假设可以，则垄断者将设置两组价格由患者选择：第一组，有效率的诊疗方案，p_1^e、p_2^e 分别为其中简单治疗和复杂治疗的价格（含诊费）；第二组，总是实施复杂治疗，令 p_2^c 为此时的价格（含诊费）。则结果必然是对高收入的人群实施有效率的诊疗，对中等收入人群实施复杂治疗，否则高收入者总可以冒充中等收入者。但是，对任何收入为 y 的群体，接受有效率的诊疗的净效用为：$x(y-p_2^e)+(1-x)(y-p_1^e)$。总是接受复杂治疗的净效用为：$y-p_2^c$。有效率的诊疗与总是接受复杂治疗相比，效用之差为：$p_2^c-[xp_2^e+(1-x)p_1^e]$。与 y 无关。因此，必然是所有收入的人都偏好有效率的诊疗，或所有收入的人都偏好总是接受复杂治疗，不可能针对不同收入的人群实施价格歧视。

因此价格歧视方案只可能有两种：（有效率的诊疗，总是简单治疗），（复杂治疗优先策略，总是简单治疗）；前者即含有效率诊疗的价格歧视方案，后者即含过度治疗的价格歧视方案。而前文对这两个方案的激励相容条件分析已经表明，在含有效率诊疗的价格歧视方案中，必然是高收入者偏好有效率的诊疗，中等收入者偏好简单治疗，低收入者不就诊；在含过度治疗的价格歧视方案中，必然是高收入者偏好复杂治疗，中等收入者偏好简单治疗。此外，不实施价格歧视，只能有三种纯策略：仅实施有效率的诊疗、仅实施复杂治疗、仅实施简单治疗。

我们需要进一步证明两点。第一，假设最优解存在，则对医疗机构而言，含有效率诊疗的价格歧视策略在所有可行的五种策略中是严格最优的。第二，证明最优解（均衡）存在，即当医疗机构实施含有效率诊疗的价格歧视策略时，利润最大化问题（考虑了患者的参与条件和激励相容条件）的一阶条件方程组至少存在一个解，而且一阶条件是求最大值的充分条件。由此可以得到命题 5.1（所有命题的证明见附录）。

命题 5.1：若无价格管制，则如下策略组合及信念构成一个完美贝叶斯均衡。医疗机构的最优策略是实施价格歧视，医疗机构将采用两种收费方式。第一组：收取诊费 $s>s^*-(p_1^l-\underline{c})$，并按照病情实施有效率的诊疗，简单治疗和复杂治疗的收费 p_1^h、p_2^h

满足：$p_1^h = \underline{c} + (s^* - s)$，$p_2^h = \bar{c} + (s^* - s)$；第二组：无论病情，固定收费 p_1^l，仅采取简单治疗。患者的最优策略：高收入者（$y \geq \tilde{y}$）选择第一组，中等收入者（$p_1^l < y < \tilde{y}$）选择第二组，低收入者不应诊。患者的信念：选择第一组时，医疗机构会实施有效率的诊疗；选择第二组时，医疗机构会仅实施简单治疗（其中 s^*、p_1^l、$\tilde{y}$ 是由均衡确定的值）。

命题 5.1 表明，如果没有价格管制，则垄断者没有必要通过过度医疗来获取更多的利润。因为通过过度医疗得到的利润都可以通过收取诊费 s^* 得到。而且，命题 5.1 刻画的均衡符合经济学关于第二类价格歧视的基本结论：高端消费者得到有效率的结果，中低端消费者处存在扭曲。中低收入患者处存在扭曲，是因为收入是私人信息，垄断者必须通过对中低收入患者诊疗不足，以防止高收入患者冒充中低收入患者。综上，当不存在价格管制时，即使市场是垄断的，也不存在过度医疗，但中低收入者面临诊疗不足。

现实中实施命题 5.1 的一个可能方法是：通过特需门诊（挂号费很高）实现第一组收费，通过普通门诊（挂号费接近于 0）实现第二组收费。但是目前公立医疗机构特需门诊比例受到严格限制，收费也不是完全自主的，仍然受到管制，因此还不满足命题 5.1 的条件。

第五节　仅存在诊费管制时的均衡

上节命题 5.1 表明：在含有效率诊疗的价格歧视策略中，收取足够额度的诊费是必需的；否则含有效率诊疗的价格歧视策略无法实施，医疗机构只能选择次优策略。

若存在价格管制使得可直接收取的诊费 $s < s^* - (p_1^l - \underline{c})$，则医疗机构无法实施含有效率诊疗的价格歧视策略。此时医疗机构可选择的策略有两种。

一是实施过度检查。即以过度检查的方式收取足额诊费 s。为简单计，假设医疗机构可以以固定成本 $C_I>0$ 购进某种大型检查设备，该设备在使用中的边际成本为 0。假设该项设备带来的检查对医生病情诊断及实际治疗效果无影响（因此是过度检查）。医疗机构可以以是否付费接受该项检查作为价格歧视的方法：对接受大型设备检查的患者实施有效率的诊疗，并使得可直接收取的医生诊断费与检查费之和等于 $s\in[s^*-(p_1^1-\underline{c}),\ s^*]$；对不接受该项检查的患者仅实施简单治疗。

二是实施含过度治疗的价格歧视策略。

命题 5.2：若存在价格管制使得可直接收取的医生诊费$s<s^*-(p_1^1-\underline{c})$，则均衡中存在过度医疗。具体而言，均衡为以下两种情况之一。

（i）过度检查均衡。医疗机构通过过度检查的形式收取诊费；其他结论同命题 5.1。

（ii）过度治疗均衡。医疗机构的最优策略是实施含过度治疗的价格歧视，对高收入者过度医疗，对低收入者诊疗不足。医疗机构采取两组治疗方案（收费方式）：第一组，不论病情为轻或重，实施复杂治疗并收费 p_2^o；第二种，不论病情为轻或重，实施简单治疗并收费 p_1^o。财富水平 $y\geqslant\hat{y}$的患者选择第一组治疗方案，财富水平 $y\in[p_1,\ \hat{y})$ 的患者选择第二组治疗方案；财富水平小于 p_1 的患者不接受任何治疗。患者的信念：医疗机构推荐的治疗方案与病情轻、重程度无关。（p_1^o、p_2^o、$\hat{y}$是由均衡确定的数，$p_1^o<p_2^o$）

均衡选择取决于现实可行性情况及参数条件，市场容量越大（N 越大），则过度检查均衡越可能出现。

在现实中有多种方法可以实施含过度治疗的价格歧视策略。如：（1）医疗机构的专家门诊、VIP 病房采取第一组收费方式，普通门诊、普通病房采取第二组收费方式①。或（2）在诊疗过程中，医疗机构不论病情轻重，首先推荐实施复杂治疗；若患者不同意或无力支付，则转而推荐简单治疗。或（3）垄断的医疗机构建立两家分支机构，一家设施豪华，采取第一组收费方式；另一家设施简单（如医疗机构下属的社区卫生服务机构），采取第二组收费方式；等等。

均衡选择取决于现实可行性情况及参数条件。首先，过度检查并不总是可行的：医疗机构可能无法负担购买大型设备的成本（如由于资本市场的不完善），或一些纯粹医学上的原因也会限制过度检查的可行性（如一些门诊服务，过度检查并不能完全替代直接收取的诊费 s）。其次，即使过度检查是可行的，对医疗机构而言是否优于过度治疗也要取决于具体的参数条件：

$$C_I < N(\pi_{ed} - \pi_{od})$$

即成本投入小于过度检查带来的利润增加（相对于过度治疗）。显然市场容量越大（患者数目 N 越大），则过度检查均衡越可能出现。

比较不存在价格管制与存在价格管制时的价格水平及消费者福利，可得命题 5.3。

命题 5.3：过度治疗均衡与无价格管制时均衡的比较：$p_2^o > s^* + \bar{c}$，$p_1^o > p_1^1$，$\hat{y} > \tilde{y}$。

命题 5.3 给出了一个出人意料的结果：对医药服务的价格管制反而抬高了医药费用。一个简单的直觉是：在过度治疗均衡条件下，复杂治疗将更频繁地出现，这从总体上抬高了医疗机构的成本；因此价格水平也随之抬高。

---

① 我们在解释命题 5.1 中含有效率诊疗的价格歧视策略时，也提到这个例子，区别在于，如果专家门诊、VIP 病房中医疗服务收费不受到任何管制，则医疗机构的最优策略是实施含有效率诊疗的价格歧视策略；如果专家门诊、VIP 病房中医疗服务收费仍受到管制（虽然可高于普通门诊、普通病房），则医疗机构的最优策略是实施含过度治疗（或过度检查）的价格歧视策略。

命题 5.4：过度检查均衡中的消费者剩余高于过度治疗均衡。

命题 5.4 只是命题 5.2 和命题 5.3 的一个简单推论。根据命题 5.2，过度检查均衡中的价格水平、选择各组价格的患者收入与无价格管制时的均衡相同，且在过度检查均衡条件下，有效率的诊疗仍然可以出现（轻病简单治疗、重病复杂治疗）；而根据命题 5.3，与无价格管制时的均衡比较，过度治疗均衡条件下价格更高、不就诊比例更高（$p_1^o > p_1^1$），且不会出现有效率的诊疗。因此过度检查均衡条件下消费者剩余高于过度治疗均衡。当然，与无价格管制时的均衡比较，过度检查均衡中依然存在无效率：医疗机构方过度的设备投资。此外，命题 5.4 只是单纯从经济学角度的分析，排除了纯粹医学方面的因素（如过度检查和过度治疗都有可能对患者身体造成伤害，其中哪种损害更大则属于纯粹医学方面的问题）。

第六节　给定诊费管制时药品收益率管制的次优性

上节分析了仅存在诊费管制的情形，并表明：只要存在诊费管制，即使无其他形式的价格管制，也会导致过度治疗。不过，中国医药服务行业的一个鲜明特征是存在全面的价格管制，即不仅诊费受管制，药品等治疗项目也受到严格的价格管制，包括最高限价和收益率管制等。例如，医疗机构销售药品的加价率不得超过 15%。药品价格管制会对市场产生何种进一步的影响？本节以收益率管制为例略作说明①。

假设政府价格主管部门对药品收益率进行价格管制，规定收益率不超过 β，β < 1（现实中 β = 15%），且②

$$\beta < \min\left\{\frac{p_1^o - \underline{c}}{\underline{c}},\ \frac{p_2^o - \bar{c}}{\bar{c}}\right\}$$

---

① 药品最高价格管制很容易规避，例如原来开一盒药，现在多开一盒就可以了。

② 否则收益率管制不会出现。

则医疗机构仍然会实施过度治疗与治疗不足并用策略，只是利润受到限制。此时：

$$p_1 \leqslant (1+\beta)\underline{c}$$

$$p_2 \leqslant (1+\beta)\bar{c}$$

给定诊费管制，比较收益率管制存在与否的不同影响，可得命题5.5。

命题5.5：若政府在诊费管制的基础上，进一步对治疗项目收费（如药品）实施收益率管制，最高收益率 β 满足：$\beta < \min\left\{\frac{p_1^o - \underline{c}}{\underline{c}}, \frac{p_2^o - \bar{c}}{\bar{c}}\right\}$；则过度治疗均衡时 $p_1 = (1+\beta)\underline{c}$，$p_2 = (1+\beta)\bar{c}$；收益率管制可提高过度治疗均衡中收入高于$(1+\beta)\underline{c}$的患者净效用水平；收入低于$(1+\beta)\underline{c}$的患者净效用水平不变。

命题5.5给出了一个有趣的结论：给定已经存在诊费管制（不论何种原因），则对药品收益率作进一步管制具有次优性质[①]。此外，显然在收益率管制条件下，医疗机构在过度治疗均衡中的利润下降，因此过度检查均衡更容易出现，这里就不细述了。总之，本节运用严密的博弈论模型，验证了朱恒鹏（2011）的观点：管制一旦产生，即会具有自我强化的性质，会导致进一步的管制。

第七节 小结

针对中国普遍存在的过度医疗现象，本章通过一个博弈论模型，讨论了患者存在收入差别、医患诊疗信息不对称、垄断条件下的医疗市场均衡。结论如下。若没有价格管制，则作为垄断者的医疗机构没有必要实施过度医疗，通过一次性收取高额诊费即可获得全部垄断租金，但低收入者将面临诊疗不足。当对诊费进

---

① 当然，这个结论是在管制者确切知道医疗机构治疗成本的简化假设下得出的。

行严格管制时，将会出现高收入者被过度医疗、低收入者被诊疗不足的现象。取决于参数条件，过度医疗可能表现为过度检查或过度治疗。与无诊费管制时的均衡比较，（i）在过度治疗均衡条件下，一次诊疗的总医药费用将更高，未就诊者比例也更高；（ii）在过度检查均衡条件下，一次诊疗的总医药费用不变，未就诊者比例不变，无效率来源于医疗机构过度的设备投资。本章还表明给定诊费管制已经存在，则药品收益率管制具有次优性质，可提高就诊率。在此基础上，得出了一些政策含义和可通过计量验证的结论。

有待进一步研究的问题。第一，出于简单性，本章没有考虑医疗保险的作用。在中国医疗保险保障水平比较低而且医保普遍采用按服务项目付费的情况下，医保的作用可归结为只是改变了患者的支付能力；因此引入医保因素不会改变本章的基本结论，只会影响命题 5.1 和命题 5.2 中，高、中、低收入患者分界点的具体值。不过有意思的问题是：中国的医保支付制度正在逐步走向按病种付费、按人头付费，新型付费方式对过度医疗现象有何影响？第六章深入探索了这一问题。第二，作为初步研究，本章考虑了垄断条件下价格管制与过度医疗的关系。值得进一步研究的问题是：市场竞争与过度医疗之间是何种关系？

第八节　相关结论的数学证明

命题 5.1 的证明：

（i）给定最优解存在，则对医疗机构而言，含有效率诊疗的价格歧视策略在所有可行策略中是最优的。

当医疗机构实施含有效率治疗的价格歧视策略时，利润为：

$$\pi_{ed}(s,\ d,\ p) \equiv \left\{1 - \Phi\left[s + d + \bar{c} + \frac{(1-x)(s + d + \underline{c} - p_1^l)}{x}\right]\right\}(s + d) +$$

$$\left\{\Phi\left[s+d+\bar{c}+\frac{(1-x)(s+d+\underline{c}-p_1^l)}{x}\right]-\Phi(p)\right\}(p-\underline{c})$$

由于：$\tilde{y}\equiv s+d+\bar{c}+\frac{(1-x)(s+d+\underline{c}-p_1^l)}{x}$，即：$s+d\equiv xy-[\overline{xc}+(1-x)\underline{c}]+(1-x)p$，因此目标函数可转化为：

$$\pi_e(y,\ p)\equiv[1-\Phi(y)]\{xy-[x\bar{c}+(1-x)\underline{c}]+(1-x)p\}+[\Phi(y)-\Phi(p)](p-\underline{c})$$

显然，在最大值处必然有：

$$xy-[x\bar{c}+(1-x)\underline{c}]+(1-x)p>p-\underline{c}$$

$$(y-p)>\bar{c}-\underline{c}>0$$

即：$y>p$。

当医疗机构实施含过度治疗的价格歧视策略时，由于$\hat{y}\equiv\frac{p_2-(1-x)p_1}{x}$，利润为：

$$\pi_o(y,\ p)\equiv[1-\Phi(y)][xy-\bar{c}+(1-x)p]+[\Phi(y)-\Phi(p)](p-\underline{c})$$

考虑函数：

$$\pi(y,\ p)\equiv[1-\Phi(y)]\{xy-t+(1-x)p\}+[\Phi(y)-\Phi(p)](p-\underline{c})$$

则当$t=[\bar{c}-(1-x)(\bar{c}-\underline{c})]$时，$\pi(y,\ p)=\pi_e(y,\ p)$；当$t=\bar{c}$时，$\pi(y,\ p)=\pi_o(y,\ p)$。而由最大值定理，

$$\left.\frac{\partial\pi(y,\ p)}{\partial t}\right|_{at\ optimum}=-[1-\Phi(y)]<0$$

因此可知含有效率治疗的价格歧视策略严格优于含过度治疗的价格歧视策略。

又，当医疗机构仅实施简单治疗时，利润为：$\max\limits_p[1-\Phi(p)](p-\underline{c})$；令其解为$p=p_1^*$。则只要取$y'>p_1^*+\frac{t-\underline{c}}{x}$，

$$\max_{p,y}[1-\Phi(y)][xy-t+(1-x)p]+[\Phi(y)-\Phi(p)](p-\underline{c})$$

$$\geqslant[1-\Phi(y')][xy'-t+(1-x)p_1^*]+[\Phi(y')-\Phi(p_1^*)](p_1^*-\underline{c})$$

$$>[1-\Phi(y')](p_1^*-\underline{c})+[\Phi(y')-\Phi(p_1^*)](p_1^*-\underline{c})$$

$$=[1-\Phi(p_1^*)](p_1^*-\underline{c})=\max_p[1-\Phi(p)](p-\underline{c})$$

因此含有效率治疗的价格歧视策略和含过度治疗的价格歧视策略都严格优于仅实施简单治疗策略。

仅实施有效率的诊疗策略等价于仅实施简单治疗。当以收取诊费方式实施有效率的诊疗时，$y\in(s+\underline{c},\ s+\bar{c})$ 的患者在得知病情为轻时将选择治疗，在得知病情为重时选择不治疗；但这并不影响医疗机构获得利润 s。最优化问题为：$\max_s[1-\Phi(s+\underline{c})]s$。而仅实施简单治疗时，医疗机构收取费用 p。p 的决定方式为：$\max_p[1-\Phi(p)](p-\underline{c})$。显然上面两式是等价的（作符号变换：$s=p-\underline{c}$ 即可）。

仅实施简单治疗严格优于仅实施复杂治疗。因为仅实施简单治疗和仅实施复杂治疗时，医疗机构的利润最大化问题都可以写为：$\max_p[1-\Phi(p)](p-c)$。其中 $c=\underline{c}$ 时表示仅实施简单治疗，$c=\bar{c}$ 时表示仅实施复杂治疗。由包络定理，上述值函数是 c 的减函数，因此仅实施简单治疗时利润严格更高。

（ii）含有效率诊疗的价格歧视策略中最优价格的确定（均衡的存在性）。

一阶条件方程组解的存在性和唯一性。

由于最大化 $\pi_{ed}(s,\ d,\ p)$ 等价于最大化 $\pi_e(y,\ p)$，我们考虑 $\max_{y,p}\pi_e(y,\ p)$ 的一阶条件。

$$\frac{\partial\pi_e(y,\ p)}{\partial y}=x\,\alpha k^{\alpha}y^{-\alpha-1}\left[p-\frac{(\alpha-1)y}{\alpha}+(\bar{c}-\underline{c})\right]=0 \qquad (A1)$$

$$\frac{\partial\pi_e(y,\ p)}{\partial p}=k^{\alpha}\{[p^{-\alpha}-\alpha p^{-\alpha-1}(p-\underline{c})]-x\,y^{-\alpha}\}=0 \qquad (A2)$$

由式（A1）确定的函数：$p(y)=\dfrac{(\alpha-1)y}{\alpha}-(\bar{c}-\underline{c})$ 存在反函数 $\tilde{y}=\dfrac{\alpha}{(\alpha-1)}[p+\bar{c}-\underline{c}]\equiv\tilde{y}(p)$。代入式（A2），则问题归结为

连续函数 $F(p) \equiv k^{\alpha} p^{-\alpha} - \alpha k^{\alpha} p^{-\alpha-1}(p - \underline{c}) - xk^{\alpha} \tilde{y}(p)^{-\alpha}$在有限正数区间内是否存在零点的问题。

当 $p = \underline{c}$ 时，$\tilde{y}(\underline{c}) = \frac{\alpha}{(\alpha-1)}\bar{c} > \bar{c} > \underline{c}$，且由于 $\alpha > 1$，

$$
\begin{aligned}
F(\underline{c}) &\equiv k^{\alpha} \underline{c}^{-\alpha} - xk^{\alpha} \tilde{y}(\underline{c})^{-\alpha} \\
&> k^{\alpha} \underline{c}^{-\alpha} - k^{\alpha} \tilde{y}(\underline{c})^{-\alpha} \\
&> 0
\end{aligned}
$$

当 $p = p_1^* \equiv \frac{\alpha \underline{c}}{\alpha - 1}$（$p_1^*$ 为垄断者采用“仅实施简单治疗”策略时的最优价格）时，

$$
\begin{aligned}
F(p_1^*) &\equiv k^{\alpha} p_1^{*\ -\alpha} - \alpha k^{\alpha} p_1^{*\ -\alpha-1}(p_1^* - \underline{c}) - xk^{\alpha}[\tilde{y}(p_1^*)]^{-\alpha} \\
&= -xk^{\alpha}[\tilde{y}(p_1^*)]^{-\alpha} \\
&< 0
\end{aligned}
$$

由闭区间上连续函数的零点存在定理，必存在至少一个 $p_1^1 \in (\underline{c}, p_1^*)$，使得 $F(p) = 0$。

下面证上述解也是整个$[\underline{c}, +\infty)$区间内的唯一解。令 $L(p) \equiv k^{\alpha}[p^{-\alpha} - \alpha p^{-\alpha-1}(p - \underline{c})]$，则：

$$
\frac{\partial L(p)}{\partial p} = -k^{\alpha} \alpha p^{-\alpha-1}\left[(\alpha+1)\frac{\underline{c}}{p} - (\alpha-1)\right] < 0
$$

不等式成立是由于对任何 $p \in (\underline{c}, p_1^*)$，$p < \frac{\alpha \underline{c}}{\alpha - 1}$，从而：$(\alpha + 1)\frac{\underline{c}}{p} > \alpha \frac{\underline{c}}{p} > \alpha - 1$。

可知，$p \in (\underline{c}, p_1^*)$时，$L(p)$是 p 的严格减函数，$p_1^1$ 具有唯一性。又由于 $L(p) \equiv k^{\alpha}[p^{-\alpha} - \alpha p^{-\alpha-1}(p - \underline{c})] = 0$ 的解 p_1^* 是唯一的，且对所有 $p > p_1^*$，$L(p) < 0$，因此$p > p_1^*$ 范围内不存在 $L(p) = x y^{-\alpha}$的解，即不可能存在$p > p_1^*$ 使式（A2）成立。综上，p_1^1 在全域内具有唯一性。

一阶条件的充分性。

令：

$$A = \left.\frac{\partial^2 \pi_e(y, p)}{\partial y^2}\right|_{y=\tilde{y}, p=p_1^l}$$

$$= -x k^{\alpha} \alpha \tilde{y}^{-\alpha-2}\{2y - (\alpha+1)[\tilde{y} - (\bar{c} - \underline{c}) - p_1^l]\}$$

$$= -x k^{\alpha} \alpha \tilde{y}^{-\alpha-2}\left[2y - (\alpha+1)\frac{\tilde{y}}{\alpha}\right]$$

$$= -x k^{\alpha} \alpha \tilde{y}^{-\alpha-2}\frac{(\alpha-1)\tilde{y}}{\alpha} < 0$$

$$C = \left.\frac{\partial^2 \pi_e(y, p)}{\partial p^2}\right|_{y=\tilde{y}, p=p_1^l}$$

$$= -2 k^{\alpha} \alpha (p_1^l)^{-\alpha-1} + k^{\alpha} \alpha(\alpha+1)(p_1^l)^{-\alpha-2}(p_1^l - \underline{c})$$

$$= -k^{\alpha} \alpha (p_1^l)^{-\alpha-2}[2p_1^l - (\alpha+1)(p_1^l - \underline{c})]$$

$$= -k^{\alpha} \alpha (p_1^l)^{-\alpha-2}\left\{2p_1^l - (\alpha+1)\left[\frac{p_1^l}{\alpha} - \frac{x\tilde{y}^{-\alpha}}{\alpha (p_1^l)^{-\alpha-1}}\right]\right\}$$

$$= -k^{\alpha} \alpha (p_1^l)^{-\alpha-2}\left[\frac{(\alpha-1)p_1^l}{\alpha} + \frac{(\alpha+1)x\tilde{y}^{-\alpha}}{\alpha (p_1^l)^{-\alpha-1}}\right] < 0$$

$$B = \left.\frac{\partial^2 \pi_{ed}(y, p)}{\partial y \partial p}\right|_{y=\tilde{y}, p=p_1^l}$$

$$= xk^{\alpha} \alpha \tilde{y}^{-\alpha-1}$$

$$AC - B^2 = x k^{2\alpha} \alpha \tilde{y}^{-\alpha-1}\left\{(\alpha-1)(p_1^l)^{-\alpha-2}\left[\frac{(\alpha-1)p_1^l}{\alpha} + \frac{(\alpha+1)x\tilde{y}^{-\alpha}}{\alpha (p_1^l)^{-\alpha-1}}\right] - x\alpha \tilde{y}^{-\alpha-1}\right\}$$

$$> x k^{2\alpha} \alpha \tilde{y}^{-\alpha-1}\left[(\alpha-1)(p_1^l)^{-\alpha-2}\frac{(\alpha+1)x\tilde{y}^{-\alpha}}{\alpha (p_1^l)^{-\alpha-1}} - x\alpha \tilde{y}^{-\alpha-1}\right]$$

$$= x^2 k^{2\alpha} \alpha \tilde{y}^{-2\alpha-2}\left[(\alpha-1)\frac{(\alpha+1)\tilde{y}}{\alpha(p_1^l)} - \alpha\right]$$

因此 $AC - B^2 > 0$ 的一个充分条件是：$(\alpha^2 - 1)\tilde{y} > \alpha^2 p_1^1$。即：$\frac{p}{\tilde{y}} < 1 - \frac{1}{\alpha^2}$。但由一阶条件方程组中（A1）可知：

$$\frac{p}{\tilde{y}}=1-\frac{1}{\alpha}-\frac{\bar{c}-\underline{c}}{\tilde{y}}<1-\frac{1}{\alpha}<1-\frac{1}{\alpha^2}$$

其中第一个不等式是因为 $\bar{c}>\underline{c}$，$\tilde{y}>0$；最后一个不等式是因为 $\alpha>1$。

综上可知，一阶条件方程组（A1）（A2）的解（$\tilde{y}$，p_1^l）是极大值解。此时（s，d）可以有多重组合，只要满足

$$\tilde{y}\equiv s+d+\bar{c}+\frac{(1-x)(s+d+\underline{c}-p_1^l)}{x}$$

令 d = 0 则得到最大可能的 s，令其值为 s^*，则 $s^*=x\tilde{y}-[x\bar{c}+(1-x)\underline{c}]+(1-x)p_1^l$。证毕。

命题 5.2 的证明：

（i）过度检查均衡。给定投资成本已经沉没，由于检查设备在使用中的边际成本为 0，因此收取过度检查费用等价于收取诊费。因此在设备投资已经发生之后，过度检查均衡等价于含有效率价格歧视的均衡。

（ii）由命题 5.1 的证明步骤（i）可知，若含有效率的价格歧视策略不可行，则在剩下的所有可行策略中，含过度治疗的价格歧视策略是最优的。剩下只需要证明垄断者实施含过度治疗的价格歧视策略时，均衡存在。

当医疗机构实施含过度治疗的价格歧视策略时，最优价格组合（p_1^o，p_2^o）由 $\max\limits_{p_1,p_2}\pi_{od}(p_1,p_2)$ 的一阶条件确定，由于 $\hat{y}\equiv\frac{p_2-(1-x)p_1}{x}$，因此等价于最大化：

$$\pi_o(y,p)\equiv[1-\Phi(y)][xy-\bar{c}+(1-x)p]+[\Phi(y)-\Phi(p)](p-\underline{c})$$

一阶条件为：

$$\frac{\partial\pi_o(y,p)}{\partial y}=x\alpha k^{\alpha}y^{-\alpha-1}\left[p-\frac{(\alpha-1)y}{\alpha}+\frac{(\bar{c}-\underline{c})}{x}\right]=0 \qquad (A3)$$

$$\frac{\partial\pi_o(y,p)}{\partial p}=k^{\alpha}\{[p^{-\alpha}-\alpha p^{-\alpha-1}(p-\underline{c})]-xy^{-\alpha}\}=0 \qquad (A4)$$

类似命题 5.1 可证一阶条件方程组解的存在性及一阶条件的充分性。此处略去。令一阶条件方程组的解为：（$\hat{y}$，p_1^o），则可解出：$p_2^o = x\hat{y} + (1-x)p_1^o$。证毕。

命题 5.3 的证明：

比较存在价格管制（过度治疗均衡）时与无价格管制时一阶条件方程组的等价形式 {(A1)，(A2)} vs {(A3)，(A4)}，可以发现它们具有相同的形式，差别仅在于一个参数。因此可一般性的考虑如下方程组：

$$\begin{cases} 1-\alpha+\dfrac{\alpha \underline{c}}{p}=x\left(\dfrac{p}{y}\right)^{\alpha} \\ p=\dfrac{(\alpha-1)}{\alpha}y-t(\bar{c}-\underline{c}) \end{cases}$$

则当 $t=1$ 时为无价格管制时的一阶条件方程组，$t=\dfrac{1}{x}$时为存在价格管制且过度治疗均衡时的一阶条件方程组。从而问题归结为上述一般性质方程组的解对 t 的导数为正或负。将上述一般性质方程组的解对 t 求导可得：

$$\begin{cases} -\dfrac{\alpha \underline{c}}{p^2}\dfrac{\partial p}{\partial t}=x\alpha p^{\alpha-1}y^{-\alpha}\dfrac{\partial p}{\partial t}-x\alpha p^{\alpha}y^{-\alpha-1}\dfrac{\partial y}{\partial t} \\ \dfrac{\partial p}{\partial t}=\dfrac{(\alpha-1)}{\alpha}\dfrac{\partial y}{\partial t}-(\bar{c}-\underline{c}) \end{cases}$$

从中可解得：

$$\frac{\partial y}{\partial t}=\frac{(\bar{c}-\underline{c})\left(x\alpha p^{\alpha-1}y^{-\alpha}+\dfrac{\alpha \underline{c}}{p^2}\right)}{[(\alpha-1)y-\alpha p]xp^{\alpha-1}y^{-\alpha-1}+\underline{c}/p^2}$$

该式分子为正。又由 $p=\dfrac{(\alpha-1)}{\alpha}y-t(\bar{c}-\underline{c})<\dfrac{(\alpha-1)}{\alpha}y$ 可知，$[(\alpha-1)y-\alpha p]>0$，从而分母亦为正。所以$\dfrac{\partial y}{\partial t}>0$，进而

$$\frac{\partial p}{\partial t}=\frac{(\alpha-1)}{\alpha}\frac{\partial y}{\partial t}-(\bar{c}-\underline{c})=(\bar{c}-\underline{c})\left\{\frac{\alpha\left(xp^{\alpha-1}y^{-\alpha}+\frac{\underline{c}}{p^{2}}\right)}{[(\alpha-1)y-\alpha p]xp^{\alpha-1}y^{-\alpha-1}+\frac{\underline{c}}{p^{2}}}-1\right\}$$

$$=(\bar{c}-\underline{c})\left\{\frac{\alpha\left(xp^{\alpha-1}y^{-\alpha}+\frac{\underline{c}}{p^{2}}\right)-(\alpha-1)xp^{\alpha-1}y^{-\alpha}+\frac{\alpha p}{y}-\frac{\underline{c}}{p^{2}}}{[(\alpha-1)y-\alpha p]xp^{\alpha-1}y^{-\alpha-1}+\frac{\underline{c}}{p^{2}}}\right\}$$

$$=(\bar{c}-\underline{c})\left\{\frac{xp^{\alpha-1}y^{-\alpha}+(\alpha-1)\frac{\underline{c}}{p^{2}}+\frac{\alpha p}{y}}{[(\alpha-1)y-\alpha p]xp^{\alpha-1}y^{-\alpha-1}+\frac{\underline{c}}{p^{2}}}\right\}>0$$

因此当 $t=\frac{1}{x}$（$0<x<1$）时方程组的解比 $t=1$ 的解更大，即 $\hat{y}>\tilde{y}$，$p_1^o>p_1^l$。

又由命题 5.1 的证明可知：$p_1^l=\frac{(\alpha-1)\tilde{y}}{\alpha}-(\bar{c}-\underline{c})$，$s^*=x\tilde{y}-[x\bar{c}+(1-x)\underline{c}]+(1-x)p_1^l$，从而：

$$s^*+\bar{c}=x[\tilde{y}-p_1^l-(\bar{c}-\underline{c})]+[p_1^l+(\bar{c}-\underline{c})]=\frac{x\tilde{y}}{\alpha}+[p_1^l+(\bar{c}-\underline{c})]$$

由命题 5.2 的证明及 $\hat{y}$ 定义可知：$p_1^o=\frac{(\alpha-1)\hat{y}}{\alpha}-\frac{(\bar{c}-\underline{c})}{x}$，$\hat{y}\equiv\frac{p_2^o-(1-x)p_1^o}{x}$，从而：

$$p_2^o=x\hat{y}+(1-x)p_1^o=x\left[\hat{y}-p_1^o-\frac{(\bar{c}-\underline{c})}{x}\right]+[p_1^o+(\bar{c}-\underline{c})]$$

$$=\frac{x\hat{y}}{\alpha}+p_1^o+(\bar{c}-\underline{c})$$

而 $\hat{y}>\tilde{y}$，$p_1^o>p_1^l$，因此 $p_2^o>s^*+\bar{c}$。证毕。

命题 5.4 的证明：

由命题 5.2 及命题 5.3 立即可以得到。证毕。

命题 5.5 的证明：

存在过度治疗时医疗机构的利润为：

$\pi_o(y, p) \equiv [1-\Phi(y)][xy-\bar{c}+(1-x)p]+[\Phi(y)-\Phi(p)](p-\underline{c})$

一阶偏导数为：

$$\frac{\partial \pi_o(y, p)}{\partial y}=x\left\{[1-\Phi(y)]-\Phi(y)\left[y-p-\frac{\bar{c}-\underline{c}}{x}\right]\right\}$$

$$\frac{\partial \pi_o(y, p)}{\partial p}=1-\Phi(p)-\Phi(p)(p-\underline{c})-x[1-\Phi(y)]$$

类似命题5.1的证明步骤（ii），可证当 $p<p_1^o$ 时，$\frac{\partial \pi_o(y, p)}{\partial p}>0$；$y<\hat{y}$时，$\frac{\partial \pi_o(y, p)}{\partial y}>0$。令$\hat{y}\equiv\frac{(1+\beta)[\bar{c}-(1-x)\underline{c}]}{x}$，则$(1+\beta)\underline{c}<p_1^o$，$\hat{y}<\hat{y}$，因此在收益率管制下医疗机构会正好定价到 $p_2=(1+\beta)\bar{c}$，$p_1=(1+\beta)\underline{c}$。

不存在收益率管制时，患者的净效用为：

$$U_o(y)=\begin{cases} y-p_2^o & if \quad y\geqslant\hat{y} \\ (1-x)(y-p_1^o) & if \quad p_1^o\leqslant y<\hat{y} \\ 0 & if \quad y<p_1^o \end{cases}$$

存在收益率管制时，患者的净效用为：

$$U_{o\beta}(y)=\begin{cases} y-(1+\beta)\bar{c} & if \quad y\geqslant\hat{\hat{y}} \\ (1-x)[y-(1+\beta)\underline{c}] & if \quad (1+\beta)\underline{c}\leqslant y<\hat{\hat{y}} \\ 0 & if \quad y<(1+\beta)\underline{c} \end{cases}$$

而 $(1+\beta)\underline{c}<p_1^o$，$(1+\beta)\bar{c}<p_2^o$。

从而：

$$U_{o\beta}(y)-U_o(y)=\begin{cases} p_2^o-(1+\beta)\bar{c} & if \quad y\geqslant\hat{y} \\ xy+(1-x)p_1^o-(1+\beta)\bar{c} & if \quad \hat{\hat{y}}\leqslant y<\hat{y} \\ (1-x)[p_1^o-(1+\beta)\underline{c}] & if \quad p_1^o\leqslant y<\hat{\hat{y}} \\ (1-x)[y-(1+\beta)\underline{c}] & if \quad (1+\beta)\underline{c}\leqslant y<p_1^o \\ 0 & if \quad y<(1+\beta)\underline{c} \end{cases}$$

因为$\hat{\hat{y}} \leqslant y < \hat{y}$时，

$$xy + (1 - x) p_1^o - (1 + \beta) \bar{c}$$
$$= y - (1 + \beta) \bar{c} - (1 - x)(y - p_1^o)$$
$$> y - (1 + \beta) \bar{c} - (1 - x)[y - (1 + \beta) \underline{c}]$$
$$= xy - [(1 + \beta) \bar{c} - (1 - x)(1 + \beta) \underline{c}]$$
$$= x(y - \hat{\hat{y}}) > 0$$

可知，对所有 $y \geqslant (1 + \beta) \underline{c}$，$U_{o\beta}(y) - U_o(y) > 0$；当 $y < (1 + \beta) \underline{c}$ 时，$U_{o\beta}(y) - U_o(y) = 0$。证毕。

第六章　声誉与最优医保支付方式*

第一节　引言

改革医保支付方式、发挥医保控费作用，是我国“十三五”期间建立更加公平更可持续社会保障制度的重要内容。2009 年新医改以来，我国基本医疗保障覆盖面不断扩大，保障水平不断提高，基本建立全民医保制度，增进了人民福祉。但是医疗费用也随之快速上涨，远远高于物价水平增长幅度[①]。医保（新农合）基金安全面临很大压力，部分地区甚至出现了当年收不抵支的情况，威胁到基本医疗保障制度的可持续性；其影响超越社会保障制度本身，对经济新常态下企业用工成本、社会就业等亦造成压力。解决之道一在“开源”，二在“节流”。“节流”即改革医保支付方式，从按项目付费（后付制，Retrospective Payment System）为主走向预付制（Prospective Payment System）为主。

---

* 本章主要内容曾以《动态激励与最优医保支付方式》为题发表于《经济研究》2017 年第 11 期，署名：杜创。

① 据《中国卫生与计划生育统计年鉴》，2014 年我国医院人均住院费用 7832.3 元；此轮新医改前的 2008 年，医院人均住院费用为 5234.1 元，2008—2014 年累计增长率达到 49.6%。而据国家统计局数据库公布的价格定基指数（以 1978 年为 100），居民消费价格指数 2008 年为 522.7，2014 年为 606.7，六年累计上涨仅 16.1%。

20世纪80年代，医保预付制兴起于美国。政府主办的老年医疗保险（Medicare）首先引入了综合的住院费用管制方式——按诊断相关组付费（DRGs）。DRGs根据疾病类型等指标将住院病例分为若干诊断相关组，每组都有统一的费率。费率计算以全国范围内医院平均成本为基础，会考虑地区差异。DRGs的精髓是住院费用按诊断相关组预先固定，与单个医院实际提供的诊疗项目种类、成本无关，也与组内疾病严重程度无关，费用控制的压力就由保险机构转移到了医院。德、法等发达国家也逐渐采用了此种方式。例如德国2004年全面实施DRGs，覆盖疾病基金（Sick Funds）偿付的所有住院服务（仅精神类疾病除外）。预付制的另一种重要模式为按人头付费，其典型如健康维护组织（HMO）对医生的支付方式。HMO选择部分医生、医院形成医疗服务网络（类似于我们的医保定点），每位参保人可选择一位主要医生（守门人）。无论是否发生医疗服务，HMO每月按人头向其网络内的医生支付固定费用，医生要自己负责治疗安排、实验室实验和医院服务的费用。这是一个综合、连续的服务网络，按人头支付的费用不仅涵盖可能的门诊服务，也涵盖可能的住院服务。医疗费用的风险因此都转嫁到了医生身上①。其他预付制方式还包括对医院总额预付、按床日付费等。

中国的基本医疗保险包括城镇职工基本医疗保险（“城职保”）、城镇居民基本医疗保险（“城居保”）和新型农村合作医疗（“新农合”），分别覆盖城镇就业人群、城镇非就业人群和农民。人力资源与社会保障部门主办城职保和城居保，卫生行政部门主办新农合②。三大基本医疗保险目前以按服务项目付费为主，不过1997年“城职保”试点之初即在江苏镇江开始探索总额预付，并逐渐扩大到北京、上海等地。2011—2012年，人力资源与社会保

---

① 关于管理保健和按人头付费的更详细介绍，参见Folland et al.，2001，ch. 12。

② 具体经办机构为地方的社会保险局和新农合办公室，都是相应行政部门下属的事业单位。城居保与新农合正在整合为统一的城乡居民基本医疗保险。

障部、卫生部先后牵头出台基本医疗保险和新农合支付方式改革文件①，此后相关改革进程加快，走向预付制的趋势更明显。2016 年 11 月，中共中央办公厅、国务院办公厅转发《国务院深化医药卫生体制改革领导小组关于进一步推广深化医药卫生体制改革经验的若干意见》明确总结了新医改以来支付方式改革的经验："逐步减少按项目付费，完善医保付费总额控制，推行以按病种付费为主，按人头付费、按床日付费、总额预付等多种付费方式相结合的复合型付费方式，鼓励实行按疾病诊断相关分组付费（DRGs）方式，逐步将医保支付方式改革覆盖所有医疗机构和医疗服务。"

回顾发达国家与中国的预付制实施情况，可以发现几个现象，或可称为标准化事实。

1. 医疗保障水平越高，越倾向于采用预付制。中国与发达国家重要的制度性差别是：发达国家医保患者自付率通常很低，而中国除了城职保自付率较低外，城居保与新农合住院患者自付率都较高。例如美国老年医疗保险，其 A 部分覆盖住院费用，对医院实行 DRGs 支付方式，目前患者仅需支付 1260 美元的起付线（1999 年是 768 美元），起付线之上部分，如果住院日在 60 天以内，则自付额为 0；61 天及以上才需要自付部分费用②。美国住院费用动辄在数万美元，大部分老年患者（住院 60 天以内）实际自付比例接近于 0。德国住院患者的自付费用为每住院日 10 欧元（PPR1，2008）。而在我国，推进预付制与提高医疗保障水平几乎同步。近年来，国务院统一规定了城居保与新农合的最低保障水平。2010 年时要求政策范围内住院费用报销比例都达到 60%，最高支付限额分别为当地城镇居民年可支配收入和全国农

---

① 《关于进一步推进医疗保险付费方式改革的意见》（人社部发〔2011〕63 号）、《关于开展基本医疗保险付费总额控制的意见》（人社部发〔2012〕70 号）、《关于推进新型农村合作医疗支付方式改革工作的指导意见》（卫农卫发〔2012〕28 号）。

② 61—90 天，每天自付额 315 美元，91 天以上则自付额更高。参见 Medicare 官方网站介绍：https：//www. medicare. gov/coverage/hospital – care – inpatient. html。

民纯收入的 6 倍[①]；2014 年则要求城居保政策范围内住院费用报销比例不低于 70%，新农合不低于 75%，并逐步缩小与实际住院费用报销比例的差距[②]。然而低筹资水平决定了新农合与城居保实际只能提供较低水平的基本保障，目前新农合与城居保住院费用实际报销比例约 50%（城职保相应比例在 70% 左右）。

2. 中国与发达国家从后付制走向预付制的路径差异。美国政府主办的老年医疗保险从一开始引入住院预付制就实行了 DRGs，覆盖绝大多数病种；三十多年来虽有微调，但基本制度变动不大，并没有出现国外卫生经济学界所预测的“混合支付方式”（参见第二节）。而我国医保引入住院预付制，政策导向为：“按病种付费可从单一病种起步，优先选择临床路径明确、并发症与合并症少、诊疗技术成熟、质量可控且费用稳定的常见病、多发病……有条件的地区可逐步探索按病种分组（DRGs）付费的办法。”[③] 地方试点时通常选择数种到数十种成熟病种首先开展住院按病种付费，再逐步扩大病种范围，从而在实际上形成了中国特色的混合支付方式：部分病种实行后付制，部分病种实行预付制。这也与国外卫生经济学界预测的“混合支付方式”不一样（参见第二节）。

3. 分析美国老年医疗保险 DRGs 的演变，可以看到诊断相关组数目的增加趋势。例如 2007 年，诊断相关组数目增加了一倍以上。

追究上述三个现象或标准化事实背后的理论机制，有些现象也许可以单独解释，但现有经济学框架里尚未见对三个现象的统

---

① 《国务院办公厅关于印发医药卫生体制五项重点改革 2010 年度主要工作安排的通知》（国办函〔2010〕67 号）。

② 《国务院办公厅关于印发深化医药卫生体制改革 2014 年重点工作任务的通知》（国办发〔2014〕24 号）、《财政部　国家卫生和计划生育委员会　人力资源和社会保障部关于提高 2014 年新农合和城居保筹资标准的通知》（财社〔2014〕14 号）。政策范围内住院费用报销比例方面，对新农合的要求略高于城居保，是因为城居保与城职保共用人社部门制定的医保药品目录，其范围比新农合药品目录更广。

③ 《人力资源和社会保障部关于进一步推进医疗保险付费方式改革的意见》（人社部发〔2011〕63 号）。

一解释（参见第二节），尤其是医保报销比例上的制度性差别如何影响最优医保支付方式选择？预付制如果有效率，其机制是什么？是否在所有条件下预付制都优于后付制？中国实施医保预付制时应该特别注意什么？本章应用规范的博弈论方法，建立数理模型讨论医保预付制和后付制的定价机制并比较二者相对优劣，在统一的理论框架里回答了上述问题。

如前所述，预付制的具体形式有很多种。作为初步理论分析，本章忽略了不同预付制方式在实施细节上的差异，集中讨论预付制与后付制的核心区别：不管哪种预付制，其精髓在于医疗费用事先确定，与实际提供医疗服务时发生的成本无关[①]。这样一来，实际提供的医疗服务就从利润来源变成了成本。与按服务项目付费相比，其控费效果是可以想见的，但随之而来的问题是会否因此降低医疗服务质量。我们尤其关注一些重要参数（如制度参数）如何影响了不同支付方式（预付制、后付制）“收益”和“成本”的相对大小。

基于这样的思路，我们考虑了政府举办的医疗保险机构（或社会医疗保险机构，以下简称“医保机构”）、患者、医院（医生）之间的三方重复博弈[②]，其中医保机构和医院是博弈的长期参与人，患者是短期参与人。医保机构和患者面临医院的一系列道德风险问题。医院可能诱导患者接受不必要的诊疗以获取更多利润，即“过度医疗”（overtreatment）；也可能推诿重病患者以获取更多利润，即“诊疗不足”（undertreatment）。“过度医疗”和“诊疗不足”统称为“不当诊疗”。另一类道德风险是“不当收费”（undercharge）或“过度收费”（overcharge）。例如，医院（医生）仅仅为患者采取简单治疗，却欺骗性宣称提供了复杂治疗并多收费；或医院（医生）向患者提供了复杂治疗服务，却按

① 当然事先定价时肯定会考虑预期成本。

② 模型扩展部分还讨论了医生与医院有不同利益诉求的情况。

简单治疗收费以获取更多利润[①]。患者收入有差异，在收入约束下选择是否就医及接受何种诊疗方式以实现期望效用最大化。医保机构为患者支付部分费用且处于买方垄断地位，制定对医院的支付方式及价格水平以实现目标函数最大化。假设医保机构目标函数是治疗效果的增函数、价格水平的减函数，除此外无特殊设定；医保机构制定最优支付方式及价格水平时受到的重要约束是信息不对称条件下如何有效规避医院道德风险。

我们从模型得到下列主要结论。第一，预付制起作用的机制是“声誉溢价”。假设医保机构实施预付制，则最优预付价格严格高于期望成本，这意味着医院可以获得正利润，此即产业组织理论所指的“声誉溢价”[②]。预付制价格事先固定，与患者病情严重程度和医院实际治疗成本无关，可以有效避免“过度医疗”和“过度收费”；但是可能导致“诊疗不足”，医院降低医疗服务质量。只有价格高于平均成本，医院为了将来继续获得正的利润才会在当期维持好的声誉（避免“诊疗不足”、节省成本的短期诱惑）。如果平均利润为0，声誉就没有价值了。尽管设定了很一般的函数形式，我们还是得出了预付制最优价格水平的显式解。最优解形式简单，与医保机构目标函数、患者收入分布函数的具体形状无关。第二，有效后付制价格的特征。假定医院采用后付制，则价格取决于患者病情严重程度和医院实际治疗成本，一般可避免“诊疗不足”，但是可能诱导“过度医疗”或“过度收费”。模型分析表明大多数情况下有效的后付制价格组合也具有比较简单的形式——使得规避“过度收费”的激励相容条件束紧，即医院诚实诊疗如实报价与虚报成本过度收费获得的利润相

---

① 后一种情况看起来不符合直观，但正文部分严格的数学推导表明，价格结构须满足一定条件才能避免此类道德风险。

② 参见本章第二节。

等[①]。此时医院也将得到正利润，规避“诊疗不足”的动态激励相容条件可自动满足。但与预付制不同，制定有效的后付制价格组合对医保机构信息搜集能力要求比较高，尤其是对患者收入分布状态要有一定了解。第三，最优支付方式（预付制或后付制）只能根据具体环境权衡利弊而定。若医疗保障水平足够高（患者自付比例足够低），则预付制优于后付制；若医院不太重视未来收益，或不同治疗手段的成本差异足够大，则后付制优于预付制，因为此时实施预付制所要求的“声誉溢价”太高。

最后一条结论揭示了前文提到三个现象的内在关联。发达国家医疗保障水平很高，因此更倾向于实施预付制，而且可以在所有病种上实施预付制。随着我国基本医疗保险报销比例的逐步提高，也出现了走向预付制的趋势。但与发达国家相比，我国基本医疗保险保障水平仍较低，在此背景下预付制与后付制孰优孰劣可能取决于特定病种与医疗服务类型，不可一概而论，因此呈现出特殊的混合支付模式[②]。在选择纳入住院预付制的病种时，模型第三条结论中不同治疗手段成本差异不能太大的条件，正类似于前文所引“并发症与合并症少、诊疗技术成熟、质量可控且费用稳定”的标准。此外，DRGs 诊断相关组数目增加，实际上降低了组内治疗成本差异。

除了可以统一解释前文提到的三个现象外，正式的数理模型分析还可给我们一些额外启示。（1）预付费标准应该保持相对稳定。医患之间信息不对称，医保机构不能将预付制价格压低到平均治疗成本水平，应该使医院获得正利润；否则声誉对医院没有价值，道德风险将难以规避。如果因为医院平均医疗成本低于付费标

---

① 这在患者存在收入差异时是可能的，因为报价越高，患者接受诊疗的可能性越低，即需求越少。

② 当然，实施预付制的路径差异也可以解释为中国和发达国家医保管理水平的差异，这和本章的解释并不冲突。我们更强调的是用同一个理论机制解释三个现象，而不是用三个理论解释三个现象。

准，下期就调低付费，这样的动态调整机制“鞭打快牛”，会损害医院的事前预期。当然，确因一些宏观经济因素或明显客观的成本变动可以调整付费标准。（2）信息公开的重要性。医保机构实施预付制，要想不降低医疗服务质量（诊疗不足），得依靠声誉机制。而声誉机制要起作用，前提是信息公开，即患者和医保机构能获得医院服务质量的较准确信息；否则，重复博弈中的惩罚机制无从谈起。（3）与预付制不同，制定有效的后付制价格组合对医保机构的信息搜集能力要求更高，后付制下更可能出现低效率结果。

本章是关于信任品的声誉机制理论模型，第二章已综述与本章相关的主要学术文献，这里再概略提一下卫生经济学界对预付制尤其是 DRGs 的研究。

国外经验研究大多肯定了 DRGs 降低住院费用的效应，但关于预付制对医疗服务质量的影响（是否引起诊疗不足），不同经验研究的结论不尽一致（Folland et al.，2001，pp. 484 - 487；Dranove，2012，pp. 663 - 667）。预付制毕竟已经实施了三十多年，并在全球范围流行，如果可以起作用，机制是什么？国外卫生经济学理论方面的相关研究可追溯到 Shleifer（1985）。该文将 DRGs 看作“标杆竞争”（yardstick competition）的例子①，但假设产品无质量差异，且每个诊断组内有效率的诊疗不存在成本差异②。这些假设对其模型很关键。如果产品质量有差异且事前难以观察，则静态博弈条件下固定价格会导致医院降低质量（诊疗不足）。此时卫生经济学者大多用“利他”（altruism）来解释，假设医生关心患者健康，医疗服务质量水平直接进入医生的效用

---

① 服务提供者可以投入努力、降低产品的单位成本，但是努力本身需要固定成本。管制者面临的问题是如何激励服务提供者付出努力降低产品单位成本。如果管制价格等于单位成本，则服务提供者没有动力付出努力。“标杆竞争”的管制方式意味着，价格由每个诊断组的平均价格决定，与单个医院成本、所治疗疾病的严重程度无关；医院如果付出努力降低了单位成本，则可以获得利润。Shleifer 证明：“标杆竞争”（yardstick competition）可以导致社会最优（first best）的努力水平。

② 也就是说患轻病时简单治疗与患重病时复杂治疗成本相同。

函数，如 Ellis 和 McGuire（1986，1990）、Ma（1994）、Chalkley 和 Malcomson（1998）、Eggleston（2005）、Jack（2005）等。这些理论模型虽然有细节差异[①]，但都指向了大致相同的结论：只要医生不是患者的完美代理人，某种程度的混合支付方案总是最优的（如 $a+rq$，其中 $a>0$ 是预付额，q 是医疗服务数量，$r>0$ 代表后付的系数；若 $r=0$，$a>0$ 即为纯粹的预付制，$a=0$，$r>0$ 即为纯粹的后付制）。此类理论模型的主要问题：（1）混合支付模型最早由 Ellis 和 McGuire（1986）提出，但 McGuire 本人主编的最新版《卫生经济学手册》（第 2 卷）承认：到目前为止，几乎所有基于“利他假设”的理论研究都认为混合付费是最优的，然而实践中却几乎观察不到理论所预测的混合付费形式（即在同一病例中对医院的支付为固定价格与具体治疗成本的加权平均），还没有令人信服的解释填平理论与实践之间的鸿沟（Dranove，2012）。注意利他主义理论所预测的“混合付费”是指同一个病例中预付制与后付制混合使用；而不是某些种类疾病实施预付制，另一些种类疾病实施后付制。（第六节还将详细讨论利他假设。）（2）上述模型都假设了患者得到“完全保险”（或结论为对需方“完全保险”的均衡），没有自付额；这对医疗保障水平比较高的发达国家可能是适用的，然而并不适用于中国这样的发展中国家。中国较低的基本医疗保险报销比例很大程度是制度性的，是筹资能力较低的结果；而且这使得患者个人收入水平对于接受医疗服

---

① Ellis 和 McGuire（1986）表明若医生是患者的不完美代理人（虽然关心患者利益但更看重医院利润），则混合支付方式优于纯粹的预付制。Ellis 和 McGuire（1990）结合讨价还价理论进一步考虑了医保报销比例和支付方式的联合最优设计，表明若患者和医疗服务提供者有相同的议价能力，则对患者完全保险、对服务提供者混合支付方式是最优的。Ma（1994）表明当医生可以拒绝需要昂贵治疗的病人时，混合支付方式能够同时实现降低成本和维持质量的社会最优。Chalkley 和 Malcomson（1998）在英国 NHS 背景下讨论了医院利他程度对支付方式的影响，若医院完全利他，则总额预付或 cost and volume contract 有其合理性；若医院只是部分利他，则混合支付方式更好。Eggleston（2005）借助医生多任务假设，进一步论证了混合支付方式的最优性。Jack（2005）讨论了医保机构如何利用不同医生利他程度的差异，设计自选择的混合支付合约。

务与否的决策有重要影响，进而影响到医保支付方式选择。

国内相关理论研究方面，马本江（2007）基于委托代理理论构建医患交易契约设计模型，认为医院和医疗保险一体化，事前收取固定费用（相当于预付制）并依据疗效确立赔偿规则，可解决医师道德风险问题；该分析隐含假设了治疗结果可观测且可验证，如此赔偿规则才有法律效力。吕国营（2009）则认为由于治疗结果的不确定性、测量成本高、难以验证等，按服务项目付费仍有其必要性，并在此背景下定性讨论了声誉机制对克服“医生诱导需求”的重要性。与上述两篇文章比较，本章分析当治疗结果可被医生、医保、患者等博弈参与方观察到，但无法被法院、政府等验证时，最优医保支付方式如何受各种参数条件影响。刘小鲁（2014）构建理论模型，探讨了医疗市场单项服务（药品）价格上限管制对总额预付制的扭曲效应；刘小鲁（2015）进一步在价格上限管制背景下比较了总额预付和按人头付费的效果。这两篇文章和本章可以视作互补的研究，即我们分别强调了中国制度特色的不同方面（价格上限管制或医保报销比例）来研究其特殊效果①，有助于解释不同的现象。例如我们的模型刻画了最优

---

① 更具体地说，刘小鲁（2014，2015）研究的重点是单项价格上限管制，因此其模型设定特色为：（1）患者差异仅体现在是否为医保患者，没有收入差异，因此所有患者生病后都选择就医、都会接受医生的诊疗方案；（2）为重点分析价格上限管制的影响，其模型设定使得当不存在价格上限管制时，单纯总额预付不会带来质量降低的可能性，预付制下推诿病人等低效率主要是价格上限管制造成的；（3）医保总额预付额是外生给定的参数，主要最优化问题为医生在患者激励相容约束和医保约束下最大化利润；（4）从下文将提到的信任品文献角度看，隐含假设了医疗服务提供过程是可验证的（verifiability），只是医生无须为医疗服务效果负责（no liability）。而我们的模型设定为：（1）更强调患者收入差异及医保报销比例对最优支付方式选择的影响。作为发展中国家，医保报销比例相对低，中国患者就医时面临很强的收入约束（或财富约束），更高的医疗费用可能导致患者不就医或不接受昂贵的治疗方案，这在需求面对医生行为形成了一定程度的约束，也影响了最优支付方式及最优价格设定。（2）即使不存在价格上限管制，预付制也会带来质量降低的道德风险问题，寻求如何解决问题的机制（如声誉机制、价格组合选择）是本文重点。（3）主要最优化问题为医保在医生和患者激励相容约束下设计最优支付方式。（4）考虑了医疗服务提供过程不可验证（unverfiability）且医生无须为医疗服务效果负责（no liability）的情形。

医保支付方式（最优医保价格组合）的特征，并且很容易解释在医保报销比例提高后更多采用预付制的趋势，以及组内成本差异对预付制效果的影响等。

国内大多数经验研究集中在控费效果上且基本证实了预付制降低医疗费用的作用（沈娟等，2012；孙树学等，2012；刘春雨等，2014；陆方文等，2014；汤健等，2016；徐伟等，2016）；不过也有预付制下费用未得到控制的情况（杜钟祥、李泳，2012）。针对预付制下医疗服务质量情况的实证研究还较少，但倾向于认为质量是否改善与医疗服务类型有关（栗成强等，2011；于保荣等，2013；朱坤等，2013），这与本章的理论预测是一致的。

总之，卫生经济学文献在正式模型中都隐含假设了治疗过程（治疗成本）是可验证的，因此主要考虑过度医疗与诊疗不足问题。然而我们若从逻辑上深究此类模型便可发现：在治疗过程（治疗成本）可验证的情况下，管制者可以制定管制价格等于成本，从而后付制管制总是有效率的。Ellis 和 McGuire（1986, p. 135）在解释为什么后付制管制缺乏效率时其实借助了模型之外的因素，如仅在文字上讨论了医院总会有利润存在从而导致过度医疗的情况。信任品理论则可以在模型里正式讨论治疗过程（治疗成本）不可验证情况下过度收费（overcharge）和不合理收费（undercharge）的可能性。本章模型的基本框架是信任品理论。

本章剩余部分的安排是：第二节构建基本模型框架，第三节讨论医保机构选择支付方式和价格水平时面临的参与约束和激励相容约束条件，第四节比较预付制与后付制的优劣及最优价格组合的特征，第五节讨论和扩展基本模型，最后是结论。

第二节　模型设定

患者得了某种疾病，病情较重的概率为 x，较轻的概率为 1 - x。[①] 有两种治疗方法：简单治疗和复杂治疗。无论病情轻重，复杂治疗总可以治好病；简单治疗可以治好轻病，无法治好重病。患者不知道自己需要简单治疗还是复杂治疗。医院可以诊断患者的病情，并决定是需要简单治疗还是复杂治疗。采取简单治疗，医院成本为 $\underline{c}$；采取复杂治疗，医院成本为 $\bar{c}$，且 $\bar{c} > \underline{c} > 0$。

患者的效用函数为 U(HY)，其中 U(.) 是关于 H（以及 Y）严格递增的凹函数，即 $U'(.) > 0$。H 为患者的身体状况，疾病被治愈，则 $H = 1$；不就医或疾病未被治愈，则 $H = u$，$0 \leqslant u < 1$。Y 为患者的净收入，$Y = y - p_i$，其中 p_i 是治疗价格（费用），$i = 1$ 表示简单治疗，$i = 2$ 表示复杂治疗；不接受治疗则 $Y = y$。$y \in [0, +\infty)$ 为患者的收入水平（或可支配的资产），是患者的私人信息。医院仅知道患者收入水平的分布，记分布函数为 $\Phi(y)$，密度函数为 $\phi(y)$。

医疗保险为患者提供医疗保障，患者需要自付的比例为 $\theta \in (0, 1)$。本章假设 θ 是外生的制度变量。这在社会医疗保险或政府举办的医疗保险制度下更为常见，θ 通常体现了国家财力和税收制度特征。如本章第二节所介绍，中国城镇居民医疗保险和新农合实际的自付比例较高；但在发达国家，θ 很低甚至接近于 0。医保机构有足够的买方垄断势力，可以制定价格。记医保机构对简单治疗定价为 p_1，对复杂治疗定价为 p_2，若 $p_1 \neq p_2$，则为通行的按服务项目付费模式，或称为后付制；若 $p_1 = p_2$，则医

---

① 对同种疾病，其严重程度也可能是连续分布，轻、重两种类型只是技术性简化，许多信任品博弈的经典文献都采用此种方法，参见 Dulleck & Kerschbamer（2006）。

院收取的费用与疾病严重程度无关，即现实中的预付制[①]。医保机构的目标函数记为 $V(p_1, p_2, H, x, \theta)$，是各个自变量的连续可微函数。为避免符号过多，以下仅将 V 简写为内生变量的函数：$V(p_1, p_2, H)$。假设 $\frac{\partial V}{\partial p_1}<0$，$\frac{\partial V}{\partial p_2}<0$，$\frac{\partial V}{\partial H}>0$，即医保机构希望医院以更低的费用使患者获得更高的健康水平。

单次博弈的时序如下。1. 医保机构确定简单治疗和复杂治疗的价格。2. 医院确定是否接受（纳入为定点机构），若不接受，博弈结束。3. “自然”选择患者生重病或轻病，患者仅知道自己生病了，不知病情轻重。4. 医院诊断，并告诉患者需要简单治疗还是复杂治疗。5. 患者选择是否接受治疗。若不接受，博弈结束。6. 若患者接受治疗，医院选择实际实施简单治疗或复杂治疗，患者和医保机构支付费用。

仿照 Dulleck 和 Kerschbamer（2006），模型有下列假设。

假设 6.1：患者无法确认医院实施了简单治疗还是复杂治疗。

假设 6.1 表明，医院有不合理收费的可能。若假设 6.1 不成立，则医院对患者简单治疗后，就无法欺骗患者说采取了复杂治疗并按复杂治疗收费，即医疗服务提供过程可验证，则最优支付方式不是预付制，而是混合支付方式：不论病情，医院一次性收取足额诊费；并结合对简单治疗和复杂治疗的按项目付费弥补成本，参见第五章。与门诊服务相比，假设 6.1 更适用于住院服务。

假设 6.2：医院不会因未治好病而受到法律惩罚或支付经济赔偿。

---

① 将 retrospective payment system 翻译成“后付制”、prospective payment system 翻译成“预付制”，在汉语中可能引起误会，但已流行。这里并不是患者在看病之前付费或看病之后付费的区别。$p_1 \neq p_2$ 时，虽然简单治疗和复杂治疗的价格也是事先确定好的，但这种情况被称为“后付制”，是因为要等医院诊断病情并治疗之后，医保机构才能确定为某个特定患者支付多少。$p_1 = p_2$ 被称为预付制，是因为无论某个特定患者病情轻重，费用水平已经预先确定下来了。

现实中也存在医生因为医疗事故受到惩罚的情况，但毕竟是一种极端。如果病人需要复杂治疗，医生仅实施了简单治疗，只要不酿成医疗事故，病人一般无法要求医生退款。

以上构成阶段博弈。医院可以采取的行动（action）具有三个维度。第一个维度是对医保机构制定的价格，医院可以接受或不接受；第二个维度是诊断，告诉患者“需要简单治疗”或“需要复杂治疗”，这也是医院收费的依据；第三个维度是实际实施简单治疗或复杂治疗，不同选择会影响医院的当期成本。医院的策略（strategy）则是指从价格水平和患者疾病状况（轻病/重病）到自身行动的映射。如对某个价格组合，患者为轻病，医院采取简单治疗并如实收费；患者为重病，医院采取复杂治疗并如实收费，是一种策略（下文称之为“诚实策略”）。对某个价格组合，无论患者病情轻重，医院一律采取简单治疗并按简单治疗收费，也是一种可行的策略。阶段博弈中，医院的策略可分解为八种情况（表6－1）。对应了四类可能的道德风险：“过度医疗”（overtreatment）、“诊疗不足”（undertreatment）、“过度收费”（overcharge）和“不合理收费”（undercharge）[①]。因为道德风险，诚实策略并不一定是均衡结果。

表6－1　医院的可能选择

实际病情	诊断（收费标准）	实际治疗方式	道德风险类型
轻病	简单治疗	简单治疗	无道德风险
重病	复杂治疗	复杂治疗	无道德风险
轻病	复杂治疗	简单治疗	过度收费

① 从中文含义看，其实“过度收费”也是一种“不合理收费”。但英文单词 undercharge 缺乏合适的译法，我们暂译为“不合理收费”。需要指出，将 undercharge 译为“少收费”并不准确，undercharge 意指实际实施了复杂治疗，却按简单治疗价格收费。

续表

实际病情	诊断（收费标准）	实际治疗方式	道德风险类型
轻病	复杂治疗	复杂治疗	过度医疗
重病	简单治疗	简单治疗	诊疗不足
重病	复杂治疗	简单治疗	过度收费＋诊疗不足
轻病	简单治疗	复杂治疗	不合理收费＋过度医疗
重病	简单治疗	复杂治疗	不合理收费

假设 6.3：（正则性假设）

（i）$V(+\infty, +\infty, 1)=0$。

（ii）$V(\tilde{c}, \tilde{c}, 1) \geqslant V(\underline{c}, \underline{c}, 1-x+xu)>0$，其中$\tilde{c} \equiv (1-x)\underline{c}+x\bar{c}$。

（iii）当$\tau>0$时，$\max_p[1-\Phi(\tau p)](p-c)$有且有唯一的正实数解。

其中，（i）式意味着，医保机构对“健康”并没有字典式偏好，会在费用与效果之间权衡。（ii）式意味着，若价格等于治疗成本，则医保机构希望医院为病人治好病。$V(\underline{c}, \underline{c}, 1-x+xu)$是医院仅提供简单治疗，且简单治疗和复杂治疗价格都等于简单治疗成本时，医保机构的效用水平①，后面我们将看到，这正是静态纳什均衡的情况；$V(\tilde{c}, \tilde{c}, 1)$是当简单治疗和复杂治疗的价格都等于平均治疗成本，且医院采取诚实诊疗策略时，医保机构的效用水平。如果（ii）式不成立，医保机构采用预付制将没有意义。（iii）式只是简化分析的技术性假设，意思是说，假如医院可以自主定价，则使利润最大化的价格存在且唯一②。从纯数学角度看，假设 6.3 要求分布函数 $\Phi(.)$ 是良好定义的。一些

① 事前看，患者得轻病概率为（$1-x$），此时简单治疗可以治好病，患者健康恢复到1；得重病概率为 x，此时简单治疗治不好病，患者健康水平为 u。因此事前看，患者就医后预期的健康水平为 $1-x+xu$。

② 实际上，后文仅命题 6.2 的证明需要用到假设 6.3（iii）。

常见的用来描述收入分布的函数如指数分布、帕累托分布都满足假设6.3。但假设6.3也排除了特定形式的分布函数，如 $\Phi(y)=1-\frac{1}{y}$，$y\geqslant 1$。

阶段博弈重复进行无穷次，就构成无穷期重复博弈，时期 $t=1, 2, 3, \cdots$ 其中医院和医保机构是长期参与人，共同贴现因子为 $\delta\in[0, 1]$；患者是短期参与人，仅患病一次，每期（t）出现不同的患者。为简单起见，假设每期患者数量相等，标准化为1。

假设6.4：重复博弈中，患者仅可看到之前所有期的价格和诊疗效果：诊疗成功或失败；但无法直接观察到医院采取了何种治疗策略。

假设6.4确定了重复博弈不同期之间的信息流。假设6.4意味着以前各期的“诊疗不足”会被发现，因为诊疗不足导致了疾病未被治愈；但当疾病被治愈时，可能是诚实诊疗的结果，也可能是过度医疗或过度收费，患者和医保机构无法区分。如果假设6.4不成立，患者观察不到医院过去的诊疗效果，则当期的“诊疗不足”行为对以后没有任何影响，声誉机制也就无从谈起。①

无穷期重复博弈中需要重新定义参与人的策略。首先，根据假设6.4，重复博弈中各期（t）的价格（p_{1t}，p_{2t}）和治疗结果 $r_t=\{$成功，失败$\}$ 从下一期开始成为公共信息（public information）；或者说 $t(t>1)$ 期初的公共信息是 $h^t=(r_1, \cdots, r_{t-1}; p_{11}, p_{21}, \cdots, p_{1,t-1}, p_{2,t-1})$。重复博弈理论称 h^t 为公共历史（public history）。医院是长期参与人，在t阶段也有私人信息，即医院过去的行动选择 z^t，这在重复博弈理论中称为私人历史（private history）。（医保机构无私人历史。）参与人i的纯策略 σ_i

① 此外，假设6.4也限制了医院可能采取的策略，排除了以下形式价格歧视策略的可能性：医院只在部分情况下维持声誉，如分设两个病区，病区A实施有效率的治疗，病区B无论病情仅实施简单治疗。这只是简化分析的手段。

是一系列从 t 阶段的信息到行动的映射。患者只参与博弈一次，t 阶段的信息包括公共历史 h^t 和自身收入（私人信息）；行动则包括接受或不接受（简单/复杂）治疗。医院在 t 期期初的信息则既包括公共信息 h^t，也包括私人信息 z^t。可见，本章模型其实是不完美公共监督重复博弈。公共信息是不完美的，因为单纯从成功或失败的结果，无法准确判断医院采取了何种策略。比如，医院过度医疗同样可以治好病，患者单从诊疗效果无法判断医院是过度医疗还是诚实诊疗。但是根据不完美公共信息重复博弈理论，不失一般性，我们仅需要考虑参与人的公共策略，即策略 σ_i 仅与公共历史（h^t）有关，与私人历史（z^t）无关。相应的均衡概念为完美公共均衡（perfect public equilibrium，PPE），其正式定义为：重复博弈的一个策略组合 σ_i 是完美公共均衡，如果每个 σ_i 都是公共策略且对每个时刻 t 和公共历史 h^t，从那时刻起由该策略可得纳什均衡（弗登伯格、梯若尔，2002，第 161 页）①。

我们先看博弈只进行一次时的纳什均衡。显然，唯一的均衡是：患者不相信医院会提供复杂治疗；医保机构不区分简单治疗和复杂治疗，制定单次诊疗价格等于简单治疗的成本，即 $p = \underline{c}$；医院仅提供简单治疗，获得零利润。均衡时医保机构获得效用 V（$\underline{c}$，$\underline{c}$，$1 - x + xu$）。这是无效率均衡，背后的逻辑也很简单。假设医保机构和患者相信医院会采取诚实策略，并愿意支付相应的费用，则医院总有偏离的动力。由于 $p_i - \underline{c} > p_i - \overline{c}$，治疗过程又不可验证（假设 6.1），无论诊断为简单治疗或复杂治疗，医院总是可以实际采取简单治疗；而且，医院不会因未治好病受到法律惩罚或支付经济赔偿（假设 6.2）。可见，总是采取简单治疗将是医院的严格占优策略。这样当患者得了重病，“治疗不足”

---

① 在不完美公共信息重复博弈中，唯一适当的子博弈是从时刻 0 开始的：以后的日子里参与人不需要知道彼此过去的行动，从而后继博弈不只是从一个节点开始的。完美公共均衡是子博弈完美思想的一个自然推广。

将不可避免。因此，理性的患者不相信医院会提供复杂治疗，医保也会直接将简单治疗和复杂治疗价格都定到等于简单治疗成本。当然，此时部分患者仍会觉得诊疗有意义，因为事前看，简单治疗有一定的概率（等于得轻病的概率）可以治好病。均衡中的无效率表现为诊疗不足，买方定价并不能消除这种无效率。

第三节 约束条件

显然，无穷期重复博弈中静态纳什均衡的重复也是完美公共均衡（PPE）。但我们更关心的是：患者和医保机构信任医院，医院采取诚实策略（诚实诊断并诚实收费），可否构成 PPE?

考虑下列策略组合。

（i）医院采取诚实策略：患者得轻病，医院诊断为轻病，且实际也简单治疗；患者得重病，医院诊断为重病，且实际也复杂治疗。

（ii）患者采取触发策略。第 1 期患者相信医院会采取诚实策略。在任意第 t 期（$t>1$），只要之前各期没有诊疗不足的结果出现，患者都继续相信医院；若之前各期有一次诊疗不足的结果出现，则患者从此不再相信医院，并认为医院只会实施简单治疗（即回到静态纳什均衡的重复）。

（iii）医保机构制定平稳（stationary）的价格序列，即在第 1 期对简单治疗和复杂治疗分别定价 p_1、p_2。在任意第 t 期（$t>1$），只要之前各期没有诊疗不足的结果出现，维持相同价格；否则，对简单治疗和复杂治疗制定相同的静态均衡价格$p=\underline{c}$。

关于上述策略组合，有几点需要说明。第一，各参与人的策略都是公共策略，即策略仅与公共历史（h^t）有关，与私人历史（z^t）无关。证明上述策略组合构成完美公共均衡，就是证明对每个时刻 $t(t\geq 1)$ 和历史 h^t，从该时刻起，由该策略组合可得纳什均衡。第二，医保机构没有私人信息，而且制定价格，因此可以将我们的重复博弈框架理解为动态机制设计问题。理论上，医保机构有无穷多种可能的价格选择；如价格 p_{1t}、p_{2t} 可以随时间而变。但是 PPE 概念极大地简化了分析，我们只需关注平稳（stationary）价格序列；这是因为根据重复博弈理论（弗登博格、梯若尔，2002，第 161 页），PPE 收益是平稳的，即对任何公共历史和私人历史，从任意时期 t 开始的 PPE，其可能的后续收益集与从第 1 期开始的 PPE 收益集是相同的①。

本节我们讨论当 p_1、p_2 给定时，患者愿意接受治疗的条件，以及医院愿意采取诚实策略的激励相容条件和参与条件；下两节再讨论最优动态合约设计问题，即医保机构如何确定最优价格组合。

假设患者信任医院，而且医院采取诚实策略；则当诊断结果确定后，患者接受治疗总可恢复健康，获得效用 $U(y-\theta p_i)$，$i=1,2$；不接受治疗获得保留效用 $U(uy)$。接受治疗比不接受好的条件是：

$$U(y-\theta p_i)U(y-\theta p_i)\geqslant U(uy)$$

由于效用函数 U(.) 是严格递增的，上式等价于：$y-\theta p_i\geqslant uy$。据此可以推断，若患者接受治疗则其收入水平一定满足 $y\geqslant\frac{\theta p_i}{1-u}$。从医院角度看，一旦做出诊断（轻病或重病），患者接受治疗的概率（即该患者对医院治疗的需求函数）为 $\left[1-\Phi\left(\frac{\theta p_i}{1-u}\right)\right]$，其中 Φ(.) 是患者收入的分布函数；相应期望利润为 $\left[1-\Phi\left(\frac{\theta p_i}{1-u}\right)\right](p_i-c_i)$，其中 $i=1$ 时 $c_i=\underline{c}$；$i=2$ 时 $c_i=\bar{c}$。

要使得医院愿意采取诚实策略，即表 6-1 中的四类道德风

① 如果我们考虑这个无穷期重复博弈的序贯均衡（sequential equilibrium），将可容纳非平稳的价格序列，即 p_1、p_2 随时间 t 而变，但这会使分析复杂化，而且并不能得到更多有趣的结论。

险不会出现，需要满足参与条件和一系列的激励相容条件。下面分别论述。

定义医院的当期期望利润函数$\pi(p, c) \equiv \left[1 - \Phi\left(\frac{\theta p}{1-u}\right)\right](p-c)$，显然$\pi(p, c)$ 是 c 的减函数。

参与条件是医院接受医保定价、纳入定点的条件。我们将医院的外部收益标准化为0，因此参与条件即：

$$(1-x)\pi(p_1, \underline{c}) + x\pi(p_2, \bar{c}) \geq 0 \quad \text{(IR)}$$

这个条件也表明，医院采取诚实策略时，期望收益不低于静态博弈均衡收益（后者为0）。

满足激励相容条件，则意味着医院采取诚实策略优于其他策略；也就是说，医院不会选择“过度收费”“不合理收费”“过度医疗”或“诊疗不足”。参照表6-1，我们一一来看。

“过度收费”，即患者为轻病，医院故意诊断为重病，但实际实施的却是简单治疗。医院不会“过度收费”的条件是：

$$\pi(p_1, \underline{c}) \geq \pi(p_2, \underline{c}) \quad \text{(S-IC)}$$

上式左边是患者为轻病时，医院采取诚实策略的收益；右边是患者为轻病时，医院采取过度收费策略的收益（实施简单治疗，但诊断为重病、按照复杂治疗收费）。医院采取“过度收费”策略，但也治好了病，患者无法甄别；所以（S-IC）左、右两边的收益都只是当期收益，不涉及跨期权衡。

“过度医疗”，即患者为轻病，医院故意诊断为重病，并实际进行了复杂治疗。医院不会“过度医疗”的条件是：

$$\pi(p_1, \underline{c}) \geq \pi(p_2, \bar{c}) \quad \text{(S-IC)}'$$

注意无论“过度收费”还是“过度医疗”，医院都为患者治好了病。（S-IC）与（S-IC）′的左边相同，但（S-IC）的右边大于（S-IC）′的右边，因此只要（S-IC）成立，（S-IC）′即成立。这意味着我们可以忽略（S-IC）′，即过度医疗相对于过度收费是严格劣（strictly dominated）的策略。

我们再看不合理收费的另一种情况：患者为重病，医院实际也实施了复杂治疗，但却宣称实施的是简单治疗，而且按简单治疗收费。这种道德风险初看起来似乎是不合逻辑的，但“不合逻辑”其实只是因为我们（隐含）假设了两种治疗的价格水平必须满足一些规则。比如我们可能根据经验认为（隐含假设）：复杂治疗的价格水平肯定不低于简单治疗的价格水平。但从理论角度看，这个隐含假设的更准确表述应该是：①

$$\pi(p_2,\ \bar{c}) \geqslant \pi(p_1,\ \bar{c}) \qquad \text{(S-IC2)}$$

要避免过度收费、不合理收费或过度医疗，相关的激励相容条件都是静态条件，依赖于价格结构设计。而避免医院诊疗不足，则涉及动态激励相容条件。患者得了重病，医院可以故意诊断为轻病，仅实施简单治疗。这样当期可能获利，但下一期开始将失去信任，从此重复静态均衡结果，医院后续利润为0。此种情况下，医院当期及以后各期的总收益仅为$\pi(p_1,\ \underline{c})$。相反，医院诚实诊疗，当期获利可能减少，但可维持患者信任；当期收益为$\pi(p_2,\ \bar{c})$，从下期开始每期还能获得平均收益：$(1-x)\pi(p_1,\ \underline{c})+x\pi(p_2,\ \bar{c})$。避免医院诊疗不足的激励相容条件为：

$$\pi(p_2,\ \bar{c})+\delta\left[\frac{(1-x)\pi(p_1,\ \underline{c})+x\pi(p_2,\ \bar{c})}{1-\delta}\right] \geqslant \pi(p_1,\ \underline{c})$$

上式左边是当患者得了重病，医院诚实诊疗时的贴现总收益，右边是医院诊疗不足时的贴现总收益。按照重复博弈理论的标准表述，将上式各项同乘以（$1-\delta$），可得：

$$(1-\delta)\pi(p_2,\ \bar{c})+\delta[(1-x)\pi(p_1,\ \underline{c})+x\pi(p_2,\ \bar{c})] \geqslant (1-\delta)\pi(p_1,\ \underline{c}) \qquad \text{(D-IC)}$$

① 根据表6-1，类似的不合理收费还有一种情况，即患者为轻病，医院实际也实施了复杂治疗，但却宣称实施的是简单治疗，并按简单治疗收费。避免此类不合理收费，激励相容条件也是（S-IC2）。这里有点特殊，无论患者为重病或轻病，避免“不合理收费”（undercharge）的激励相容条件相同。两种情况下医院都实际采取了复杂治疗，成本都是$\bar{c}$；而且医院总是可以治好病，患者无法通过重复博弈甄别医院行为，激励相容只涉及静态条件。

即用平均收益表达的激励相容条件。（D－IC）还可等价地写成：

$$(1-\delta+\delta x)\pi(p_2,\ \bar{c})\geqslant(1-2\delta+\delta x)\pi(p_1,\ \underline{c}) \qquad (D-IC)$$

当然，患者得了重病，医院甚至可能诊断为重病、按复杂治疗收费，实际实施的却是简单治疗。这样疾病未治愈，医院也从下期开始失去信任。类似可写出相应的动态激励相容条件为：

$$(1-\delta)\pi(p_2,\ \bar{c})+\delta[(1-x)\pi(p_1,\ \underline{c})+x\pi(p_2,\ \bar{c})]\geqslant(1-\delta)\pi(p_2,\ \underline{c}) \qquad (D-IC)'$$

比较（D－IC）与（D－IC）′可知，两个不等式左边相同，差别仅在于不等式右边。而右边的差别正好与静态激励相容条件（S－IC）相关。只要（D－IC）和（S－IC）成立，（D－IC）′必然成立；因此我们可以忽略（D－IC）′。另外，由（D－IC）′条件不难看出只要满足（D－IC）′条件，医院的参与约束条件 IR 将自动满足，我们可以忽略（IR）。

医保机构的单期期望效用水平是 $V(p_1,\ p_2,\ H)$。当与医院相关的激励相容条件和参与条件都满足时，均衡路径上不存在欺骗行为，医保机构每期都将得到 $V(p_1,\ p_2,\ 1)$；但即使在平稳的价格序列下，医保机构也有另一种选择：定价 $p_1=p_2=\underline{c}$，每期重复静态博弈纳什均衡结果，平均效用水平为 $V(\underline{c},\ \underline{c},\ 1-x+xu)$。若医保机构愿意激励医院采取诚实策略，则必有 $V(p_1,\ p_2,\ 1)\geqslant V(\underline{c},\ \underline{c},\ 1-x+xu)$。

综上所述，医保机构的最优化问题（DP）是：

$$\max_{p_1,p_2} V(p_1,\ p_2,\ 1)$$

$$\text{s.t.}\ \pi(p_1,\ \underline{c})\geqslant\pi(p_2,\ \underline{c}) \qquad (S-IC)$$

$$\pi(p_2,\ \bar{c})\geqslant\pi(p_1,\ \bar{c}) \qquad (S-IC2)$$

$$(1-\delta)\pi(p_2,\ \bar{c})+\delta[(1-x)\pi(p_1,\ \underline{c})+x\pi(p_2,\ \bar{c})]\geqslant(1-\delta)\pi(p_1,\ \underline{c}) \qquad (D-IC)$$

$$V(p_1,\ p_2,\ 1)\geqslant V(\underline{c},\ \underline{c},\ 1-x+xu)$$

第四节　最优解

一　预付制最优价格

首先看一个简单的情形：如果医保机构实施预付制，最优价格应如何确定。显然当 $p_1 = p_2 = p$ 时，静态激励相容约束自动满足，社会医保机构的最优化问题简化为：

$$\max_{p} V(p, p, 1)$$

$$(1-\delta+\delta x)(p-\bar{c}) \geq (1-2\delta+\delta x)(p-\underline{c})$$

$$V(p, p, 1) \geq V(\underline{c}, \underline{c}, 1-x+xu)$$

解动态激励相容约束条件不等式得：$p \geq x\bar{c} + (1-x)\underline{c} + \frac{1-\delta}{\delta}(\bar{c}-\underline{c}) \equiv p^*$。而目标函数是价格 p 的减函数，可见最优点即满足动态激励相容条件的最小点 p^*。①

观察函数 $V(p, p, 1)$，由假设 3：$V(\tilde{c}, \tilde{c}, 1) \geq V(\underline{c}, \underline{c}, 1-x+xu) > 0$［其中$\tilde{c} \equiv x\bar{c} + (1-x)\underline{c}$］；而 $V(+\infty, +\infty, 1) = 0 < V(\underline{c}, \underline{c}, 1-x+xu)$，由函数 $V(p, p, 1)$的连续性，必定存在 $p^{**} \in (x\bar{c} + (1-x)\underline{c}, +\infty)$使得 $V(p^{**}, p^{**}, 1) = V(\underline{c}, \underline{c}, 1-x+xu)$。这意味着对医保机构而言，只有当$V(p^*, p^*, 1) \geq V(p^{**}, p^{**}, 1)$时，激励医院采取诚实策略才是有意义的；从而 $p^* \equiv x\bar{c} + (1-x)\underline{c} + \frac{(1-\delta)(\bar{c}-\underline{c})}{\delta} \leq p^{**}$，即 $\delta \geq \frac{1}{1+\frac{p^{**}-c}{\bar{c}-\underline{c}}} \equiv \delta^*$。综上，我们得到第一个命题。

---

① 预付制条件下，动态激励相容条件在 $\delta = 0$ 处是不连续的。显然若 $\delta = 0$，动态激励相容条件等价于 $(p-\bar{c}) \geq (p-\underline{c})$，一定不成立。但只要 $\delta > 0$，无论 δ 多么小，总可以找到足够大的 p^*，使得当 $p \geq p^*$ 时，动态激励相容条件成立。这也是我们在模型设置中假设 $\delta \in (0, 1)$，忽略边界值的原因。

命题6.1：存在 $\delta^* \in (0, 1)$，使得当 $\delta \geqslant \delta^*$ 时，预付制条件下医院会采取诚实策略；医保机构期望效用最大化的价格为 $p^* \equiv x\bar{c} + (1-x)\underline{c} + \frac{(1-\delta)(\bar{c}-\underline{c})}{\delta}$。

命题6.1表明，要使得医院维持声誉（采取诚实策略），医保机构不能将价格压低到等于平均成本 $[x\bar{c} + (1-x)\underline{c}]$；应该让医院得到一定的利润，即有“声誉溢价” $\frac{1-\delta}{\delta}(\bar{c}-\underline{c})$。否则，医院就没有激励维持声誉了。这是重复博弈与声誉理论的一般结论。本例特殊之处是我们求出了声誉溢价的显式解，“溢价”仅与贴现因子、成本差异有关，而与患者收入分布、患者效用函数形式、医保机构目标函数形式无关。直觉是：医保机构采取预付制，则不存在由于简单治疗和复杂治疗价格差异引起的需求量差异，需求量可从激励相容约束中直接消去；因此影响需求量的因素，如患者收入分布状况、效用函数性状等，也就不影响声誉溢价了。

预付制均衡不一定是有效率的。当贴现因子 $\delta \to 0$ 或成本差 $(\bar{c}-\underline{c}) \to +\infty$ 时，声誉溢价可能变成无穷大，即期望价格趋于无穷大。这些情况下放弃预付制，转而采用后付制，可能更有效。

二　后付制价格

如果医保机构采用后付制，最优价格组合可能取决于目标函数 $V(p_1, p_2, H)$ 的具体形状。但是在我们的问题中，并没有特别自然的方式对 V 的具体形状做出限定（尤其当我们在模型应用中涉及对中国和美国的比较），甚至不能直接假设 V 是凹函数。例如，一种可能性是医保机构最大化消费者的间接效用函数（在不知道收入、病情严重程度时取事前期望值），但并没有特别的理由表明医保机构会这样做；而且此种情况下间接效用函数是 p_1、p_2 的凸函数。不过，假设 V 是 p_1、p_2 的减函数、是 H 的增函数，这应该不会引起太大争议。以此为出发点，还是能得出一些相对稳健的结论。

借鉴经济学中“帕累托有效”的概念，我们可以定义后付制下帕累托有效的价格组合。

定义 6.2：若（p_1，p_2）满足约束条件，且医保机构无法在不提高 p_2 的情况下降低 p_1，也无法在不提高 p_1 的情况下降低 p_2，则称（p_1，p_2）是帕累托有效的价格组合。[①]

显然，“帕累托有效”是优化问题（DP）解的必要条件，使得我们可以不必依赖 $V(p_1, p_2, H)$ 的具体形状，而仍然在可行集中挑出一些有意义的价格组合来。只要 V 是 p_1、p_2 的减函数，则在医疗质量不变、一种治疗方式（如简单治疗）的价格不变情况下，医保机构总偏好另一种治疗方式（如复杂治疗）的价格更低——这正是偏导数的定义。但是如果两个价格组合（p'_1，p'_2）和（p''_1，p''_2）都满足约束条件且 $p'_1 < p''_1$，$p'_2 > p''_2$，医保机构更偏好哪个，要取决于目标函数 $V(p_1, p_2, H)$ 的具体形状。

直觉上，后付制情况下动态约束应该不是太大问题，过度收费、过度医疗等静态激励相容约束才是主要的问题。

引理 6.3：（i）若约束条件成立，则 $p_2 \geqslant p_1$；（ii）若（S－IC）束紧，则（S－IC2）等价于 $p_2 \geqslant p_1$，（D－IC）等价于 $p_2 \geqslant p^*$。

引理 6.3（ii）表明，当过度收费相关约束（S－IC）束紧时，其他约束条件表现为很简单的形式，最优化问题的解也将大为简化。这启示我们：帕累托有效的后付制价格组合可能要求（S－IC）束紧。命题 6.4 部分证实了这一点。

命题 6.4：令 $\theta \to 0$。

（i）使得（S－IC）束紧且 $p_2^* \geqslant p^* > p_1^*$ 的（p_1^*，p_2^*）是帕

① 实际上，这个定义也适应于预付制。预付制条件下帕累托有效的价格组合只有一个点，即（p^*，p^*）。

累托有效的后付制价格组合；

（ii）当且仅当$\bar{c} > \underline{p} \equiv \text{argmax}_p\left[1-\Phi\left(\frac{\theta p}{1-u}\right)\right](p-\underline{c})$且$p^* \in (\underline{p}, \bar{c})$时，除（i）之外还存在其他的帕累托有效后付制价格组合(p_1^*, p_2^*)，该组合使得$p_1^* < p_2^* < p^*$且仅（D－IC）束紧。

命题6.4尽管在表述上略显复杂，但其直觉还以还是比较明显的。第一，结合命题6.1可知无论预付制还是后付制，医疗机构道德风险问题的存在总使得医保机构不能“竭泽而渔”，医疗机构要获得一定程度的利润（声誉溢价）才有维持声誉的动机。这在预付制情形下表现得尤为明显，即$p^* > x\bar{c} + (1-x)\underline{c}$；且“声誉溢价”的大小与成本波动范围$(\bar{c}-\underline{c})$成正比，与医疗机构对未来的重视程度（δ）成反比。后付制下同样成立：只要满足（D－IC）约束，医疗机构期望利润$x\left[1-\Phi\left(\frac{\theta p_2}{1-u}\right)\right](p_2-\bar{c}) + (1-x)\left[1-\Phi\left(\frac{\theta p_1}{1-u}\right)\right](p_1-\underline{c})$严格为正①。第二，当采用后付制时，主要关注的应该是过度收费问题。在绝大多数参数区间内，最优后付制价格组合也具有比较简单的形式：使得（S－IC）束紧，而且$p_2^* \geqslant p^* > p_1^*$。（S－IC）束紧即当医院实际实施了简单治疗时，虚报为复杂治疗并过度收费获得的利润与如实报价获得的利润相等。虚报为复杂治疗，虽然提高了收费，但患者需求也随之降低了，因此当期期望利润并不一定增加。

三　最优支付方式

尽管在后付制情况下我们只给出了最优解的必要条件——帕累托有效的价格组合，关于预付制与后付制的相对优劣，依然可以得出一些一般性条件。

---

① 这个结论在考虑医生利他行为的情况下仍然是成立的，除非医生是患者利益的完美代理人。参见模型扩展部分。

命题 6.5：（i）当 $\theta\to 0$ 时，预付制一定优于后付制；（ii）当 $p^{*}\geqslant \underline{p}$时，后付制一定优于预付制。

命题 6.5 的意义在于，结论与医保机构目标函数的具体形式无关，也与患者收入分布函数无关，因此是稳健的结论。显然当 $\theta\to 0$ 时，$\Phi\left(\frac{\theta p}{1-u}\right)\to 0$。此时注意医院的静态激励相容条件（S-IC）和（S-IC2），两个不等式的相应极限形式为：$(p_1-\underline{c})\geqslant(p_2-\underline{c})$ 和 $(p_2-\bar{c})\geqslant(p_1-\bar{c})$。第一个不等式要求 $p_1\geqslant p_2$，第二个不等式要求 $p_2\geqslant p_1$，因此必有 $p_1=p_2$。

命题 6.5（ii）则表明：如果复杂治疗成本足够高或者医院不够重视未来收益，则不论医保机构目标函数的具体形式，后付制一定优于预付制。直觉是此种情形下预付制要求的“声誉溢价”太高了。$\underline{p}$是医院实施简单治疗时当期利润最大化的价格。给定预付制价格 $p_1=p_2=p^{*}>\underline{p}$，总能找到同时满足约束条件的后付制价格组合 $(p_1, p_2)=(p', p^{*})$（参见图 6-1）。

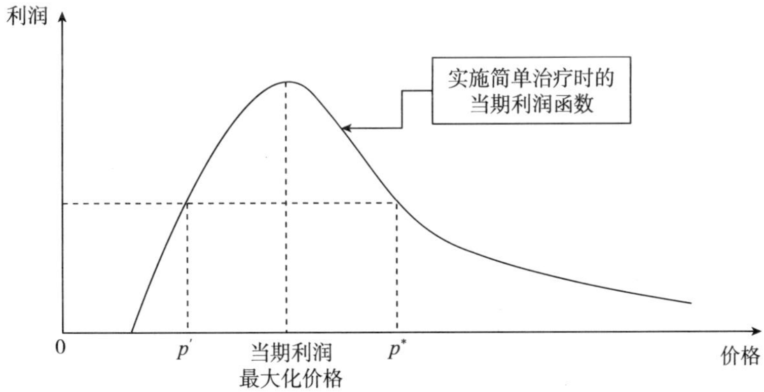

图 6-1　$p^{*}>\underline{p}$时后付制一定优于预付制

第五节　讨论与扩展

基本模型及其最优解建立在一系列假设基础上。本节我们考虑一些替代假设以讨论相关结果的稳健性。

一　医保机构的信息约束与最大化假设

基本模型重点考虑了医保机构、患者和医疗机构在医疗服务需要上的信息不对称（患者疾病严重程度），以及患者收入为私人信息；但是假设医保机构和医疗机构能够知道患者的收入分布函数形式 $\Phi(.)$，而且医保机构有能力采取复杂的策略解决道德风险问题，有意愿实现利益最大化。我们实际上采取了最优机制设计的视角，回答了给定的信息条件下医保机构如果要设计医疗服务的最优补偿合约，那最优合约设计应该具有什么样的特征。这就提供了一个参照系，可以分析如果医保机构没有意愿实施最大化，或信息条件不满足，会有什么结果。

首先看意愿。假设医保机构并不追求目标函数最大化，比如只是相对随意地制定管制价格水平；或者与我们假设的目标函数不同，医保机构过度重视降低费用，那么实际市场运转会发生哪些现象呢？这意味着在我们的基本模型中 p_1、p_2 可以看作外生给定的参数，仅考虑医疗机构和患者的效用最大化问题，看不同的 p_1、p_2 如何影响三个约束条件成立与否。那么不难看出，在预付制情况下价格可能定得过低，诊疗不足将是主要的问题，我们的模型预测医院推诿病人或重病轻治等现象将会发生；而在后付制情况下，过度收费、过度医疗等现象将会盛行。

其次看能力。假设医保机构有意愿实施目标函数最大化，但不一定具备足够的信息获取能力。比较命题 6.1 和命题 6.4 可以发现，预付制与后付制对医保机构信息获取能力的要求不同。预付制的最优价格 p^* 与收入分布函数无关，也与医保机构目标函数的具体形式无关，优化结论更为稳健；后付制的有效价格组合依赖于收入分布函数形式，最优解甚至还对医保机构的目标函数很敏感。这或可解释当前我国后付制情形下过度医疗的普遍性。根据医保机构的能力，模型对最优定价有如下启示。（1）如果医保机构缺乏患者收入分布函数的信息，那么比较简单的解决方案是实行预付制。从实操角度说，仅考虑利息率带来的贴现，博弈参与人当期得到 1 元钱相当于下一期得到 $1+r$ 元，其中 r 为利息率，从而 $\delta=\frac{1}{1+r}$，则 $p^*\equiv x\bar{c}+(1-x)\underline{c}+r(\bar{c}-\underline{c})$。只需要知道平均成本 $[x\bar{c}+(1-x)\underline{c}]$ 和成本变动范围 $(\bar{c}-\underline{c})$ 即可有效确定预付制价格。以我国三大基本医疗保险为例，城镇职工基本医疗保险保费收取与职工工资收入大致成比例，医保机构相对可以获得参保人收入分布信息；但是城镇居民基本医疗保险和新型农村合作医疗大多数地区是定额收费，医保机构（新农合机构）对患者收入分布信息所知较少。因此，随着城居保和新农合报销水平逐步提高，走向预付制将更为紧迫。（2）如果医保机构有关于收入分布函数 $\Phi(.)$ 的信息，但是希望采取相对简单的策略。那么只需要在两种价格之间做比较，一是最优预付制价格 p^*；二是制定的后付制价格组合（p_1^*，p_2^*）满足（S－IC）束紧，且 $p_2^*\geqslant p^*>p_1^*$。后者在大多数参数条件下都是最优后付制价格，即使在少数情形如当 $\bar{c}>\underline{p}$ 且 $p^*\in(\underline{p},\bar{c})$ 时可能不是最优的，但也满足三个约束条件从而可以规避医疗机构的道德风险问题。

二　医生的利他行为及医院非营利性

基本模型中没有区分医院和医生，将其视为一致行动者，都追求利润最大化。这样的假设简化了模型，但也可能忽略了医学伦理的重要性（如希波克拉底誓言对受过良好教育医生的影响）。许多卫生经济学模型假设医生收益同时是自身收入和患者效用的函数，即医生有一定的利他主义倾向。如果将利他行为加入我们的模型，对最优支付方式有怎样的影响？

首先，我们的基本模型实际上是动态条件下“内生化”的利他主义模型。在利他主义的静态模型中，通常假设医生收益包括两部分（Ellis & McGuire，1986）：

$$U=\pi(p,\ q)+\alpha B(q)$$

其中$\pi(p,\ q)$是医院利润，$B(q)$为患者效用，p为价格，q为医疗服务量。α为外生设定的医生“利他”程度，即利润之外医生在多大程度上考虑患者利益。我们的动态模型虽然没有明确考虑利他主义行为，但实际上隐含解释了医生“利他”行为的来源，如声誉机制的考虑。这体现在（D－IC）约束条件中，患者得了重病需要复杂治疗，此时医生（医院）的收益函数实际上也包括两部分：当期收益和长远收益。诚实治疗，当期可能利润少一些，为$\pi(p_2,\ \bar{c})$；但维持了声誉，以后每期还可以得到平均利润：

$$\pi(p_2,\ \bar{c})+\delta\left[\frac{(1-x)\pi(p_1,\ \underline{c})+x\,\pi(p_2,\ \bar{c})}{1-\delta}\right]$$

而在诊疗不足情况下，当期可能利润多一些，为$\pi(p_1,\ \underline{c})$；但失去了声誉，长期损失利润（我们考虑了极端情况，失去声誉后长期利润为0）。因此与假设利他行为直接影响效用函数相比，我们的基本模型实际上将“利他”行为内生化了，“利他”程度不再是外生设定的，而是可能受到价格机制的影响。

其次，可以考虑扩展的模型，讨论外生设定的医生利他倾向对结论稳健性的影响。

Ellis和McGuire（1986）的模型框架中，实际的行为者包括管制者（医保机构）、患者、医生和医院。假设医院的利润函数仍与基本模型类似，但医院不作决策；医疗服务中的实际决策者是医生，医生在决策时同时关注患者效用与医院利润，医生的目标是最大化$U[\pi(q),\ B(q)]$，其中q是医疗服务数量，$\pi(q)$是医院利润，$B(q)$是消费者效用。除了关于医生道德品质的假设外，这一目标函数相对适合美国的制度环境，主要原因有两个。其一，美国医疗市场的普遍性制度安排是医生并非医院雇员，而是和医院保持市场合约关系，借助医院场地收纳住院病人或开展手术；因此假设医生利益与医院利益不完全一致是比较自然的。

其二，因该文研究对象是美国 Medicare 住院服务 DRGs 的效果，而 Medicare 制度下老年患者的住院费用几乎是完全报销的（$\theta \approx 0$），因此可假设消费者效用$B(q)$ 仅与医疗服务数量有关，与价格无关。但是，这些假设并不适合中国的制度环境。中国医疗服务供方制度的基本特点是医生为医院雇员，二者利益更为一致；而且中国医保报销比例远低于 Medicare，医药费用（价格）对患者需求有重要影响（$\theta > 0$）。当然，即使医生是医院雇员，二者利益也可能不完全一致；尤其是医学伦理教育可能使得医生一定程度上关注患者利益。

综上所述，我们可以考虑一个扩展的模型，同时容纳不同制度安排的可能性。即遵照 Ellis 和 McGuire（1986）假设医生和医院是不同的利益主体，但医疗决策由医生做出，医院是消极的参与者，对整个博弈施加的唯一约束是可以持续经营，即期望利润非负；但医疗价格可能影响患者需求量，则医疗服务需求量为：

$$q \equiv 1 - \Phi\left(\frac{\theta p}{1-u}\right)$$

若 $\theta = 0$，则需求量与价格无关。

医院当期利润函数与基本模型相同：

$$\pi(p, q) \equiv \left[1 - \Phi\left(\frac{\theta p}{1-u}\right)\right](p-c)$$

其中 $c \in \{\underline{c}, \overline{c}\}$。但医生会兼顾医院利润与患者效用：

$$U[\pi(p, q), B(p, q)] \equiv \left[1 - \Phi\left(\frac{\theta p}{1-u}\right)\right](p-c) + \lambda I\left[1 - \Phi\left(\frac{\theta p}{1-u}\right)\right]$$

$\lambda \geqslant 0$ 表示医生对患者利益的相对关注程度，如果 $\lambda = 0$ 则表示医生完全不关注患者效用[①]；I 是一个指标函数，仅可能取 0 和

---

① 线性函数形式可以简化计算，得出直觉上有意义的结论；假设更一般的函数形式并不能带给我们更多直觉。

1 两个值，代表医疗服务质量，

$$I=\begin{cases}0 & \text{若诊疗后患者 } H=0\\ 1 & \text{若诊疗后患者 } H=1\end{cases}$$

因为过度收费的主要影响是抬高价格，并不影响医疗服务质量，指标函数仅区分了是否发生诊疗不足（即在患者为重病时提供复杂治疗还是简单治疗）。

在医生和医院利益不完全一致并由医生做出医疗服务决策时，最优化问题的约束条件中π(p，q）需要改写为U[π(p，q)，B(p，q)]。然而，在医生效用函数中合并同类项即可发现：医生利他行为的影响等价于医院有更低的成本：

$$U[\pi(p,q),B(p,q)]\equiv\left[1-\Phi\left(\frac{\theta p}{1-u}\right)\right][p-(c-\lambda I)]$$

因此三个约束条件依次为：

$$\left[1-\Phi\left(\frac{\theta p_1}{1-u}\right)\right][p_1-(\underline{c}-\lambda)]\geqslant\left[1-\Phi\left(\frac{\theta p_2}{1-u}\right)\right][p_2-(\underline{c}-\lambda)] \quad (\text{S-IC})''$$

$$\left[1-\Phi\left(\frac{\theta p_2}{1-u}\right)\right][p_2-(\bar{c}-\lambda)]\geqslant\left[1-\Phi\left(\frac{\theta p_1}{1-u}\right)\right][p_1-(\bar{c}-\lambda)] \quad (\text{S-IC2})''$$

$$(1-\delta)\left[1-\Phi\left(\frac{\theta p_2}{1-u}\right)\right][p_2-(\bar{c}-\lambda)]+\delta\left\{x\left[1-\Phi\left(\frac{\theta p_2}{1-u}\right)\right][p_2-(\bar{c}-\lambda)]+(1-x)\left[1-\Phi\left(\frac{\theta p_1}{1-u}\right)\right][p_1-(\underline{c}-\lambda)]\right\}\geqslant(1-\delta)\left[1-\Phi\left(\frac{\theta p_1}{1-u}\right)\right](p_1-\underline{c}) \quad (\text{D-IC})''$$

以及医院的持续经营约束（期望利润非负）：

$$x\left[1-\Phi\left(\frac{\theta p_2}{1-u}\right)\right](p_2-\bar{c})+(1-x)\left[1-\Phi\left(\frac{\theta p_1}{1-u}\right)\right](p_1-\underline{c})\geqslant 0$$

当λ=0，I≡0 时我们在第四节已经论证，（D-IC）约束隐含了医院期望利润非负。但是，当λ>0 时，医院期望利润非负约束就不一定可以忽略了。

在预付制情况下，$p_1 = p_2$，代入（D－IC）″可以得到：

$$p_1 = p_2 \geqslant p^* - \frac{\lambda}{\delta} \equiv x\bar{c} + (1-x)\underline{c} + \frac{1-\delta}{\delta}(\bar{c} - \underline{c} - \lambda) \equiv p^*(\lambda)$$

另外，由医院期望利润非负约束可得此时 $p_1 = p_2 \geqslant x\bar{c} + (1-x)\underline{c}$，从而：

$$p_1 = p_2 \geqslant \max\left[x\bar{c} + (1-x)\underline{c} + \frac{1-\delta}{\delta}(\bar{c} - \underline{c} - \lambda),\ x\bar{c} + (1-x)\underline{c}\right]$$

即医生越关注患者效用，最优预付制价格越低；如果医生足够关注患者利益（$\lambda \geqslant \bar{c} - \underline{c}$），最优预付制价格甚至可以等于成本。这个结论比较明显，因为在同样的服务质量下，患者希望价格更低。因此，当医生考虑患者效用时，预付制的实施会比医生纯粹追求利润最大化时更加容易。

当 $\lambda > 0$ 时，预付制和后付制的相对优劣会发生怎样的变化？此时我们可以得到与命题 6.4 类似的结论，只不过其中 p^*、$\underline{p}$都是参数 λ 的函数。在命题 6.4 中，我们看到，当 $\lambda = 0$ 且 $p^* > \underline{p}$ 时，后付制一定优于预付制。$\lambda > 0$ 时 $p^*(\lambda)$ 减小，但是$\underline{p}(\lambda)$也随之减小：

$$\underline{p}(\lambda) \equiv \operatorname{argmax}_p\left[1 - \Phi\left(\frac{\theta p}{1-u}\right)\right][p - (\underline{c} - \lambda)]$$

相对效应取决于函数 Φ(.) 的函数形式；在 $p^* < \underline{p}$时还取决于 V(.)的函数形式，没有一般性结论。总体上看，在决定预付制与后付制的相对优劣时，医生利他行为的影响是不明确的，取决于模型内部各参数之间的相对比值。

第六节　小结

我国在新一轮医改中提出医保支付方式改革的方向是走向预付制为主的混合付费方式，但何为“混合付费方式”？是在同一医疗服务类型（门诊、住院或综合）、同一病种中兼采预付制和后付制方式，还是根据医疗服务类型、病种、医疗保障等的不同而采用预付制或者后付制之一？现有卫生经济学理论主要是 Ellis 和 McGuire（1986）及其后续文献，支持前一种混合付费的思路。本章模型则为后一种混合付费的思路提供了理论支撑。有些病种，不同治疗方式的成本随疾病程度变化较小，更适合预付制；而有些病种，不同治疗方式的成本随疾病程度变化很大，更适合后付制。城职保报销比例远远高于城居保和新农合，相比之下更适合预付制。另外，我国不同地区医保（新农合）报销比例差异也很大，那些报销比例更高的地方应该更早采用预付制。

当然，我们的模型抽象掉了许多因素。除第六节的讨论与扩展外，下列方向也值得将来进一步思考。一是很多疾病无法治愈（如癌症），复杂治疗也不一定能治好病。此时可放松模型假设，考虑患者对以前各期诊疗效果的观察本身也不完美，有一些噪声。不难想象，如果噪声不太大，不会改变模型结论；如果噪声太大，声誉机制可能就不再有效，预付制可能导致诊疗不足，医疗服务质量下降。二是我们的模型还没有考虑 DRGs 不同组别之间的相互影响。根据命题 6.1，预付制组内的成本差异应该越小越好。DRGs 分组数越多，疾病严重程度差异越小，组内成本差异也越小。然而分组数越多，越可能引起“诊断升级”（upcoding）等问题；因此可能有最优的分组数。如何确定最优分组？最后，本章在医疗保障水平既定的条件下，研究了医保机构对供方的最优支付制度如何因保障水平而变。下一步问题可能是医保如何同时确定最优保障水平（起付线、报销比例等）和最优支付制度？这涉及社会医疗保险的筹资水平、筹资制度以及患者的风险规避等问题，值得将来进一步探索。

第七节　相关结论的数学证明

引理6.3的证明：（i）将两个静态约束条件（S－IC）和（S－IC2）相加

$$0\leqslant[\pi(p_1,\ \underline{c})-\pi(p_2,\ \underline{c})]+[\pi(p_2,\ \bar{c})-\pi(p_1,\ \bar{c})]$$

$$=\left[1-\Phi\left(\frac{\theta p_1}{1-u}\right)\right](p_1-\underline{c})-\left[1-\Phi\left(\frac{\theta p_2}{1-u}\right)\right](p_2-\underline{c})+$$

$$\left[1-\Phi\left(\frac{\theta p_2}{1-u}\right)\right](p_2-\bar{c})-\left[1-\Phi\left(\frac{\theta p_1}{1-u}\right)\right](p_1-\bar{c})$$

$$=\left[\Phi\left(\frac{\theta p_2}{1-u}\right)-\Phi\left(\frac{\theta p_1}{1-u}\right)\right](\bar{c}-\underline{c})$$

由于Φ(.)是严格增函数，上述不等式意味着$p_2\geqslant p_1$。

（ii）由（i）中不等式可见，当$[\pi(p_1,\ \underline{c})-\pi(p_2,\ \underline{c})]=0$即（S－IC）束紧时，

$$[\pi(p_2,\ \bar{c})-\pi(p_1,\ \bar{c})]=\left[\Phi\left(\frac{\theta p_2}{1-u}\right)-\Phi\left(\frac{\theta p_1}{1-u}\right)\right](\bar{c}-\underline{c})$$

（S－IC2）条件即要求左边大于0，这等价于要求右边大于0，即$p_2\geqslant p_1$。另外，将$\pi(p_1,\ \underline{c})=\pi(p_2,\ \underline{c})$代入（D－IC）可得：

$$(1-\delta+\delta x)\pi(p_2,\ \bar{c})\geqslant(1-2\delta+\delta x)\pi(p_1,\ \underline{c})=(1-2\delta+\delta x)\pi(p_2,\ \underline{c})$$

从而：

$$(1-\delta+\delta x)\left[1-\Phi\left(\frac{\theta p_2}{1-u}\right)\right](p_1-\bar{c})\geqslant(1-2\delta+\delta x)\left[1-\Phi\left(\frac{\theta p_2}{1-u}\right)\right](p_2-\underline{c})$$

化简即得：$p_2\geqslant p^*$。证毕。

命题6.4的证明：

（i）根据定义，帕累托有效的后付制价格组合相当于可行区

域（满足约束条件且 $p_2 \neq p_1$ 的价格组合集）的下界。三个约束条件（S-IC）（S-IC2）（D-IC）在形式上都比较复杂，很难完整描述可行区域的形状；但约束条件的特殊结构使得刻画可行区域的下界容易得多。我们首先证明使得（S-IC）束紧且 $p_2 > p_1$，$p_2 > p^*$ 的（p_1，p_2）在可行区域的边界上。定义集合 $A = \{(p_1, p_2): p_1, p_2$ 满足（S-IC）且 $p_2 > p_1\}$。注意（S-IC）即 $\pi(p_1, \underline{c}) \geqslant \pi(p_2, \underline{c})$。当 $p_2 < \underline{p} \equiv \text{argmax}_p \, \pi(p, \underline{c})$ 时，由于曲线 $\pi(p, \underline{c}) \equiv \left[1 - \Phi\left(\frac{\theta p}{1-u}\right)\right](p - \underline{c})$ 的单峰假设，$\pi(p, \underline{c})$ 是增函数，任何 $p_2 > p_1$ 都不满足 $\pi(p_1, \underline{c}) \geqslant \pi(p_2, \underline{c})$；当 $p_2 > \underline{p}$ 时，对任何给定的 p_2，存在 p' 满足 $\left[1 - \Phi\left(\frac{\theta p'}{1-u}\right)\right](p' - \underline{c}) = \left[1 - \Phi\left(\frac{\theta p_2}{1-u}\right)\right](p_2 - \underline{c})$ 且 $p' < p_2$，使得当 $p' \leqslant p_1 < p_2$ 时 $\pi(p_1, \underline{c}) \geqslant \pi(p_2, \underline{c})$（参看图 6-1）。显然 p' 是 p_2 的减函数，而且当 $p_2 \to +\infty$ 时 $p' \to \underline{c}$；$p_2 \to \underline{p}$ 时 $p' \to \underline{p}$。而且从上述推导可以看出集合 A 是凸集（图 6-2）。图 6-2 中 BB 曲线即代表所有满足条件的（p'，p_2）组合，则集合 A 即直线 $p_2 = p_1$ 以上且曲线 BB 右边的部分。直线 $p_2 = p_1$ 和曲线 BB 构成了可行区域的下界。任何 BB 曲线以左的部分都不可能满足（S-IC）条件，从而也不在可行区域内。定义满足三个约束条件的价格组合的集合为 E，则显然 $E \subseteq A$。由引理 6.3（i）（ii），BB 曲线上所有满足 $p_2 \geqslant p^*$ 的点都满足（D-IC）和（S-IC2），因此这样的组合构成帕累托有效的后付制组合。

（ii）但 BB 曲线上可能也存在 $p_2 < p^*$ 的点，引出 BB 曲线之外其他帕累托有效的后付制价格组合。定义集合 A' 是集合 A 中 $p_2 < p^*$ 的点，问题就归结为 A' 中是否存在满足三个约束条件的点。我们分两种情况讨论。

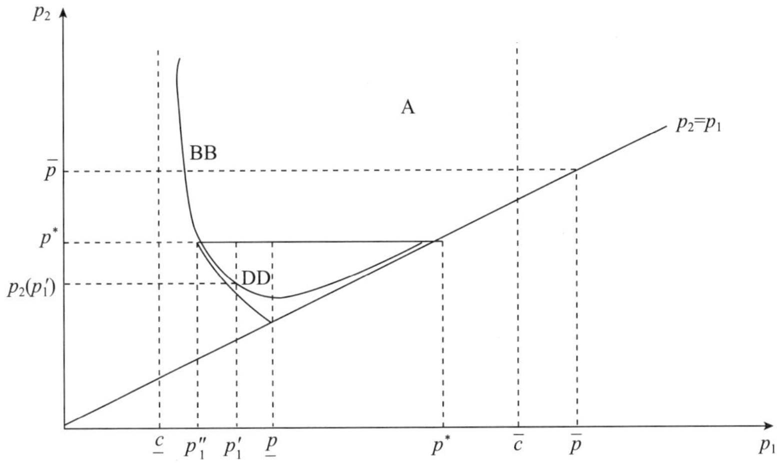

图 6-2　$\underline{p}<p^*<\bar{c}$

(a) $\underline{p}<p^*<\bar{c}$时，存在其他帕累托有效的价格组合。

任取集合 A 的内点（p'_1，p^*），令 $p_2=p^*$时 BB 曲线上相应的点为（p''_1，p^*）。不难证明点（p'_1，p^*）满足（D-IC），而且在该点（D-IC）取严格不等式，这是因为：

$$(1-\delta+\delta x)\pi(p^*,\ \bar{c})=(1-2\delta+\delta x)\pi(p''_1,\ \underline{c})>(1-2\delta+\delta x)\pi(p'_1,\ \underline{c})$$

其中第一个等式是由于（p''_1，p^*）在 BB 曲线上且 $p_2=p^*$，根据引理 6.3（ii），（p''_1，p^*）满足（D-IC）且正好使（D-IC）束紧。后一个不等式是因为（$1-2\delta+\delta x$）<0 且 p'_1 是集合 A 的内点，$\pi(p''_1,\ \underline{c})<\pi(p'_1,\ \underline{c})$。由于连续性，则存在 $p_2<p^*$使得

$$(1-\delta+\delta x)\pi(p_2,\ \bar{c})>(1-2\delta+\delta x)\pi(p'_1,\ \underline{c})$$

实际上，当 $p_2<p^*<\bar{c}$时，$p_2<\bar{p}$，$\pi(p_2,\ \bar{c})$ 是 p_2 的增函数，当 p_2 从 p^*逐渐减小时$\pi(p_2,\ \bar{c})$ 也会减小；因此给定 p'_1，存在某个点 $p_2(p'_1)<p^*$使得上式正好取等号。利用类似程序可证明当 $p_2<p^*$时，集合 A 中使得（D-IC）正好束紧的点［p'_1，$p_2(p'_1)$］，构成的曲线如 DD 曲线。而且 $p_2(p'_1)$ 在$p'_1=\underline{p}$时取最

小值。DD 曲线以上且 $p_2 \leqslant p^*$ 的部分都满足（D－IC）。这样，$p_2 \leqslant p^*$ 时 DD 曲线就构成了可行区域更紧的下界。

DD 曲线上的点也都满足（S－IC2）条件。因为 DD 上的任意点（p_1，p_2）使（D－IC）束紧，

$$(1-\delta+\delta x)\pi(p_2, \bar{c}) = (1-2\delta+\delta x)\pi(p_1, \underline{c})$$

又，DD 曲线上 $p_1 \leqslant p^*$，从而：

$$(1-2\delta+\delta x)\pi(p_1, \underline{c}) \geqslant (1-\delta+\delta x)\pi(p_1, \bar{c})$$

将$\pi(p_1, \underline{c})$，$\pi(p_1, \bar{c})$展开即可看出上述不等式与 $p_1 \leqslant p^*$ 的等价性。综合可得（S－IC2）条件：

$$(1-\delta+\delta x)\pi(p_2, \bar{c}) \geqslant (1-\delta+\delta x)\pi(p_1, \bar{c})$$

这样，根据定义，帕累托有效的后付制价格组合只能位于以下两条曲线上：BB 曲线中 $p_2 \geqslant p^*$ 的部分；（ii）DD 曲线中$p_1 < \underline{p}$ 的部分。（i）中仅（S－IC）束紧，其他约束取严格不等式；（ii）中仅（D－IC）束紧，其他约束取严格不等式。（以及二者的重合处。）

（b）当条件$\underline{p} < p^* < \bar{c}$不满足时，不存在其他帕累托有效的价格组合。首先，如果 $p^* < \underline{p}$，此时 BB 曲线上所有点都满足 $p_2 \geqslant \underline{p} > p^*$，A′为空集。其次，$p^* \geqslant \bar{c}$。$p^* \geqslant \bar{c}$即 $x\bar{c} + (1-x)\underline{c} + \frac{1-\delta}{\delta}(\bar{c}-\underline{c}) > \bar{c}$，从而 $1-2\delta+\delta x > 0$。此时若$\bar{c} < \underline{p}$且$\underline{p} > p^* \geqslant \bar{c}$，则 A′为空集。若 $p^* \geqslant \max\{\underline{p}, \bar{c}\}$，A′不是空集，下面我们证明 A′中任何点都不满足（D－IC），从而不在可行区域内。当 $p^* \geqslant \max\{\underline{p}, \bar{c}\}$ 时，任取 A′的内点 $p^0 = (p_1^0, p_2^0)$。令 BB 曲线上对应 $p_2 = p_2^0$ 的点为（p'''_1，p_2^0），则 $p'''_1 < p_1^0$，且

$$(1-\delta+\delta x)\pi(p_2^0, \bar{c}) < (1-2\delta+\delta x)\pi(p'''_1, \underline{c}) < (1-2\delta+\delta x)\pi(p_1^0, \underline{c})$$

其中第一个不等式是因为 $p_2 < p^*$ 时 BB 曲线上的点不满足（D－IC）条件，第二个不等式是因为集合 $A' \subset A$ 且 p^0 不在 BB 曲线

上，以及 $1-2\delta+\delta x>0$；因此 $p^0=(p_1^0,\ p_2^0)$ 不满足 D－IC 条件。证毕。

命题 6.5 的证明：

（i）正文中已证明。

（ii）$p^*>\underline{p}$时医保机构偏离预付制是有利可图的。此时医保机构选择 $p_2=x\bar{c}+(1-x)\underline{c}+\frac{(1-\delta)(\bar{c}-\underline{c})}{\delta}\equiv p^*$，但是 p_1 只需满足：

$$\left[1-\Phi\left(\frac{\theta p_1}{1-u}\right)\right][p_1-\underline{c}]=\left[1-\Phi\left(\frac{\theta p^*}{1-u}\right)\right](p^*-\underline{c})$$

（S－IC）约束条件将不变。根据假设 6.3，p_1 可能取两个不同的值 p'_1、p^* 且 $p'_1<p^*$，利润却相等（参考图 6－1）。因此当 $p_2=p^*>\text{argmax}_{p_1}\left[1-\Phi\left(\frac{\theta p_1}{1-u}\right)\right](p_1-\underline{c})$ 时，取 $p_1=p'_1<p_2=p^*$，不仅（S－IC）仍是紧的，且根据引理 6.3（i）\（ii），仍满足（D－IC）（S－IC2）约束。而（p'，p^*）是后付制价格组合。顺便提一下，若 $p^*\leqslant\underline{p}$则（$p^*$，$p^*$）严格优于 BB 曲线上 $p_1>p^*$的点；但与 BB 曲线上 $p_1<p^*$的点相对优劣取决于医保机构的目标函数。证毕。

附录　不完美公共监督重复博弈理论*

重复博弈理论是博弈论的重要组成部分，刻画了经济行为主体在长期关系中能够获得的收益及其局限。对于法律体系还不够健全的发展中国家，重复博弈所施加的约束常常能够有效规范经济代理人的道德风险和逆向选择行为，提高效率。了解和研究重复博弈理论，有着很强的理论和现实意义。根据重复博弈的时间长度，可以划分为有限重复博弈和无穷重复博弈。在无穷重复博弈中，参与人会在重复的阶段博弈结构里互动无穷多次①。由于信息结构的不同，无穷重复博弈又可以分为三类（按照从简单到复杂的顺序）。

完美监督（perfect monitoring）重复博弈。参与人至少在下一期阶段博弈开始的时候能够完美观察到对手在上一阶段及以前的

* 本附录主要内容曾以《不完美公共监督重复博弈：一个基于方法论的文献综述》为题发表于《南开经济研究》2008 年第 3 期，署名：杜创。

① 考虑无穷重复博弈最初是出于数学结构上的方便。虽然在现实中，不会有一个个人或企业会有无穷寿命，但这并不影响理论的有效性。实际上，在一个无穷重复博弈中，参与人会对未来的支付以一定的概率 $\delta\in[0, 1]$ 进行贴现。贴现因子 $\delta\in[0, 1]$ 一定意义上可理解为博弈参与人对自己会再多存活一期的概率估计。对于企业，无穷寿命的假设类似于会计处理上的“永续经营原则”。而且，企业可以作为一个载体，将有界寿命的个人之间的一次性博弈转化为重复博弈（参见 Kreps，1990）。

行动，道德风险仅来源于参与人决策时并不知道对手的当期行动[①]。典型例子如一次性同时行动的囚徒困境博弈。只要参与人足够耐心，完美监督条件下，囚徒困境很容易通过无穷重复博弈解决。这一类重复博弈最简单，相关理论也最完善[②]。国内一般的博弈论教科书在介绍重复博弈理论时，重点大都在此。但是，完美监督的假设与现实常常有很大的距离。例如，常见的重复委托代理问题中，委托人并不能完美地观察到代理人在上一期的行动。

不完美公共监督（imperfect public monitoring）重复博弈：即使到了事后，至少有一个参与人的行动并不能被完美观察（或完美推断）；但对于每个特定参与人的行动，都存在能被所有参与人无差别看到的不完美信号（称为公共信号）。例如在委托代理关系中，委托人无法确知代理人的努力程度，但是通过产量、利润等信号能够推测到代理人的努力水平，尽管这种推测不可能是完美的。又如在团队生产中，总产出可以作为一个公共信号，据以大致推断每个人的努力水平。

私人监督（private monitoring）重复博弈。与不完美公共监督的差别：私人监督情况下，对于特定参与人的隐藏行动，各个参与人看到的信号可能不尽相同（私人信号）。例如，对于绩效水平，委托人和代理人可能有不同的看法。

上述三类重复博弈中，"私人监督"有许多现实应用，但是理论上最为复杂[③]；而完美监督重复博弈理论上最简单，但又常

① 因此完美监督（perfect monitoring）并不等于完美信息（perfect information），后者如经典的 Stackleberg 两阶段博弈，"追随厂商"在选择产量的时候已经看到了"领导厂商"的产量水平。

② 经典文献可参见 Fudenberg 和 Maskin（1986），Abreu（1988），Fudenberg、Kreps 和 Maskin（1990）等。教科书长度的介绍参见 Fudenberg 和 Tirole（1991），Mailath 和 Samuelson（2006）。

③ 关于私人监督重复博弈，综述性文献可参见 Kandori（2002）、Mailath 和 Samuelson（2006）。在主观绩效评估方面的应用，可参见 MacLeod（2003）等；在 IO 中的应用，参见 Bergemann 和 Valimaki（2006）等。

常不符合现实。比较而言，处于二者之间的不完美公共监督重复博弈，则较好地兼顾了理论与现实两方面。

关于不完美公共监督（imperfect public monitoring）重复博弈，自 Green 和 Porter（1984）以来，已经有了相对成熟的理论框架，并在产业组织理论、企业理论等领域获得了广泛的应用。在宏观经济学领域，不完美公共监督重复博弈理论的应用也是近年来一大热点，如信息不对称情况下的最优税收、最优货币政策以及社会保险等问题①。本节拟从方法论角度对离散时间框架下不完美公共监督重复博弈的基本理论加以梳理。限于篇幅，将不涉及连续时间情形或私人策略均衡的情形；同时将仅考虑至少存在一个长期参与人的博弈（可以有短期参与人），不涉及世代交叠（OLG）或随机匹配（random matching）的博弈②。另外，中文期刊中已出现一些使用规范的重复博弈方法研究相关经济问题的文献，本章不再详述③。

从数学的观点看，不完美公共监督重复博弈是动态规划方法在多决策人互动情形中的应用。离散时间框架下，公共信号空间的性质可以分为三种情形：

（1）连续信号空间。主要文献包括：Abreu、Pearce、Stacchetti（1986，1990）（以下简称 APS），Kandori（1992）等。

---

① 本章的相关例子主要取自产业组织理论和企业理论。关于在最优税收问题上的应用，参见 Golosov，Kocherlakota 和 Tsyvinski（2003）、Golosov 和 Tsyvinski（2007）等；关于在社会保险问题上的应用，参见 Wang（1995）等；关于在最优货币政策问题上的应用，参见 Athey、Atkeson 和 Kehoe（2005）等。宏观经济学经典教科书如 Ljungqvist 和 Sargent（2004）对此亦有介绍。

② 关于连续时间情形，参见 Abreu、Milgrom 和 Pearce（1991），DeMarzo 和 Sannikov（2006），Sanikov（2007）等。关于不完美公共监督中私人策略均衡的例子，参见 Kandori 和 Obara（2006）等。关于世代交叠博弈中的信息限制问题，参见 Bhaskar（1998）等。关于随机匹配博弈中可能形成公共信号并适用动态规划方法，参见 Dixit（2003）等。另外，我们的目的在于阐述基本的方法，因此并没有罗列所有相关的文献。

③ 如王永钦（2006）对市场互联性、关系型合约与经济转型的分析，张琥（2008）对集团内部逆向选择和集体声誉的研究，聂辉华（2008）讨论了不完全契约条件下声誉效应对投资的影响，等等。

（2）有限信号空间。[①] 主要文献包括：Fudenberg、Levine 和 Maskin（1994）（以下简称 FLM），Fudenberg 和 Levine（1994）等。

（3）内生信号空间：主要文献包括：FLM（1994），Athey 和 Bagwell（2001），Athey、Bagwell 和 Sanchirico（2004），Levin（2003）等。

这三类信号空间的差别不仅仅是技术上的，而且导致了均衡策略和均衡支付集合具有不同的形式（尤其是第 1 类和第 2 类之间）；当然它们又都可以在动态规划的框架里被讨论。

下文的安排为：在第一节，阐述了不完美公共监督重复博弈的共同框架：动态规划与自我生成。在第二节至第四节，分别讨论了各种信号空间假设下均衡策略与均衡支付的特点。最后是总结。

一　共同框架：动态规划与自我生成

不完美公共监督重复博弈理论最初是从连续信号空间框架发展出来的，如 Green 和 Porter（1984）、Porter（1983）讨论的是同质产品寡头市场上的勾结问题，其中厂商的产量决策是不可见的私人行动，统一的市场价格作为公共信号。这方面的基本理论框架由 APS（1990）完成。

考虑有 N 个长期参与人的无限重复博弈，记其阶段博弈为 G。参与人 $i(i=1, \cdots, N)$ 的有限个纯行动集合为 A_i，记 $A=A_1\times\cdots\times A_N$。Y 为公共信号（随机变量），给定纯策略行动 $a=(a_i, a_{-i})\in A$ 时[②]，其分布函数为 $\Psi(\cdot; a)$。Y 的全体记为 Ω。对 $a\in A$，$r_i(y, a_i)$ 为参与人 i 选择行动 a_i，且公共信号为 y

① 可数无限的信号空间情形在应用中比较少见，总体上看，类似于连续信号空间。目前仅有的一个例子是 Rob 和 Fishman（2005）；本书第二章已从应用的角度介绍过该文。

② 下标“-i”表示除 i 外的其他参与人。

时的支付。g_i：A→R 为参与人 i 的期望支付函数，g_i 对 a_{-i}的依赖仅通过后者对 Y 的分布的影响实现，

$$g_i(a) = \int_{\Omega} r_i(y, a_i) \Psi(dY; a)$$

以 G 为阶段博弈的无穷重复博弈记为 $G^{\infty}(\delta)$，其中 $\delta \in (0,1)$ 为贴现因子。参与人仅能观察到自己过去的行动及公共信号 Y 的实现①。重复博弈中参与人 i 的策略记为 $\sigma_i : \{\sigma_i(t)\}_{t=1}^{\infty}$：

$$\sigma_i(1) \in A_i$$

$$\sigma_i(t) : \Omega^{t} \times A_i^{t-1} \to A_i \quad for \quad t > 1$$

在上述信息结构下，有以下定义。

公共历史：$h^t := (y^0, \cdots, y^t)$。私人历史：$h_i^t := (a_i^0, \cdots, a_i^t)$。

公共策略：若 σ_i 与 S_i^{t-1} 无关，仅依赖于公共信号。

公共策略均衡（通常简称为 PPE）为满足下列条件的公共策略组合：从任何时期 t 开始，给定任何公开历史 h^{t-1}，该公共策略构成纳什均衡。

$E(\delta)$：当贴现因子为 δ 时，公共策略均衡平均支付（payoff）②的集合。

平均后续支付 $u(y) := [u_1(y), \cdots, u_N(y)]$ 仅依赖于当期公共信号 y，不依赖于参与人的私人行动。

关于连续信号空间，有以下基本假设：

A1）S_i 是有限的，$i = 1, \cdots, N$。

A2）对每个 $a \in A$，$\Psi(\cdot; a)$ 是绝对连续的。令 $f(\cdot; a)$ 是相应的概率密度。

A3）$\{y \in \Omega \mid f(y; a) > 0\}$ 独立于 $a \in A$。

---

① 为简单，本部分仅讨论各期信号独立同分布的情形。对于各期扰动自相关的情形，可参见 Cole 和 Kocherlakota（2001）、Fernandes 和 Phelan（2000）等。

② 这里的平均为加权平均，权重为贴现因子，如第一期为 1，第二期为 δ，第三期为 δ^2，以此类推；然后各项再同乘以 $(1-\delta)$。同乘以 $(1-\delta)$，则得到的是各期平均收益，而非贴现总收益；APS（1990）用的是贴现总收益概念，与本书有所不同。

A4）$g_i(y, a_i)$对 y 连续。

A5）G 有一个纯策略纳什均衡。

而对于有限信号空间，即公共信号的可取值范围仅为有限个，可记 $y \in Y$（y 可以是多维的），Y 的元素个数为 m。给定 a 时，y 的条件概率为$\pi(y \mid a)$。阶段博弈中参与人 i 的支付仅依赖于自身行动和公共信号：$r(a_i, y)$，期望支付为：

$$g_i(a) = \sum_{y \in Y} \pi(y \mid a) r_i(a_i, y)$$

但当信号空间有限时，混合策略是可行的。记 α_i 为由 A_i 中各个元素取值的概率组成的向量，如 $\alpha_i(a_i)$为取 a_i 的概率，$\sum_{a_i \in A_i} \alpha_i(a_i) = 1$；则 α_i 构成参与人 i 在阶段博弈中的一个混合行动。记 $\alpha = (\alpha_1, \cdots, \alpha_N)$为所有参与人混合行动的一个组合。另外记有限行动空间 A_i 中的元素个数为 m_i。类似可定义重复博弈中的公共历史、公共策略和公共策略均衡。

考虑一个可行的支付集 $W \subseteq R^N$，如何判断它是否均衡集的一部分？为了解决这个问题，可首先将一个贴现期望支付分解为当期支付和后续支付两部分；而且确保给定后续支付时，当期选择导致均衡支付的策略是最优的。这就引出了“可执行性”的概念。

定义 1：可执行性（enforceable）①

（1）连续信号（APS，1990）

对任何集合 $W \subseteq R^N$，一对(a, u)称为关于 W 是可执行的，若：

(i) $u(y) \in W$；

(ii) $E(a,u) = (1-\delta)g(a) + \delta \int_{\Omega} u(y) f(y;a)\,dy$

① APS（1990）最初称为 admissible，为与后来的文献相一致，此处一律改称为 enforceable。连续信号空间和离散（有限）信号空间中的两种定义基本上是相同的。细微的差别是，在连续信号空间中，不允许混合策略；但在离散（有限）信号空间中，混合策略是允许的。我们稍后将解释为什么在连续信号空间中不允许混合策略。

$$\geqslant (1-\delta)\Pi(\gamma_i, a_{-i}) + \delta\int_{\Omega} u(y) f(y;\gamma_i, a_{-i})dy$$

给定 W，记 B(W) 为满足上述条件的所有 E(a, u) 的集合。

（2）有限信号（FLM，1994）

给定 δ 和 $W \subseteq R^N$，组合 α 关于 W 和 δ 是可执行的，若存在 v：=（v_1，…，v_N）$\subseteq R^N$ 和一个函数 w：Y→W 使得对所有 i=1，…，N，

$$v_i = (1-\delta) g_i(a_i, \alpha_{-i}) + \delta\sum \pi_y(a_i, \alpha_{-i}) w_i(y)$$

$$for \quad a_i \quad \text{s. t. } \alpha_i(a_i) > 0$$

$$v_i \geqslant (1-\delta) g_i(a_i, \alpha_{-i}) + \delta\sum \pi_y(a_i, \alpha_{-i}) w_i(y)$$

$$for \quad a_i \quad \text{s. t. } \alpha_i(a_i) = 0$$

给定 W，记 B(W) 为满足上述条件的所有 v 的集合。

“可执行性”定义中包含了基本的动态规划思想。尽管时间从过去流向将来，但理性的参与人却是逆向思考：假设当期的行动组合 a 导致了不同的信号 y，根据 y 规定了不同的后续支付；假设这些后续支付本身都是多重均衡（支付）之一，则一个无穷重复博弈就变成了一个带转移支付的静态博弈，只不过转移支付的规则和规模是内生的。若以后所有期已经达到均衡了，则“可执行性”概念保证了当期行动为均衡行动。进一步地，对于以后所有期的平均支付 $w_i(y)$，可按照类似的方式分解。问题是：这样一个无穷递归的过程是否收敛？如何求解？这就需要引入“自我生成”（self - generation）的概念。

定义 2：$W \subseteq R^N$ 是自我生成的，若 $W \subseteq B$（W）。

定理 3：自我生成与均衡[①]

（1）对任何有界的 Borel 集 $W \subseteq R^N$，若 W 是自我生成的，则 B（W）是均衡集的一部分。

（2）E(δ)=B[E(δ)]。

① 定理 3－5 归功于 APS（1990）。

定理3是说，任何自我生成的集合都是均衡集的一部分；均衡集是最大的自我生成的集合。直觉是，由可执行性及自我生成概念，$B(W)$可由W生成，而W又可由W生成[因为$W\subseteq B(W)$]；因此无穷递归的过程本质上是在不断重复同一个过程。

定理4：均衡支付集的计算方法。令$W\subseteq R^N$是紧集且满足$E(\delta)\subseteq B(W)\subseteq W$。定义$W_0:=W$，且对$n=1, 2, \cdots$令$W_n:=B(W_{n-1})$，则$\{w_n\}$是一个递减序列，且$E(\delta)=\lim_{n\to\infty}W_n$。①

这里的方法与一般动态规划中的值函数迭代相似，不同之处在于，现在迭代的对象是一个集合，而且多了激励相容条件（即可执行性条件中的不等式）。

定理5：单调性。令δ_1、δ_2是两个贴现因子，且$0<\delta_1<\delta_2<1$，则$E(\delta_1)\subseteq E(\delta_2)$。

定理5也与直觉相符：参与人越耐心，可实现的支付范围越广。那么对于信息的精确度，是否也有类似的结论呢？直观上看，随着欺骗行为能被更准确地检测到，实施合作应该会更容易。Kandori（1992）证明了这一直觉。一般而言，随着隐藏行动的可观察性增加，均衡集也会变大（从集合包含的意义上讲）。

如何刻画信息的精确程度？如上，仍令a表示行动，y表示信号，相应的条件密度函数为$g(y\mid a)$。令Y^0、Y^1为两个信号（随机变量），$g^0(y^0\mid a)$，$g^1(y^1\mid a)$分别为其条件概率。称Y^1是Y^0的一个quasi-garbling，若存在一个函数$\varphi(y^1\mid y^0)$使得：

$$\varphi(y^1\mid y^0)\geqslant 0 \qquad a.e.\ y^0, y^1$$

$$\int\varphi(y^1\mid y^0)dy^1 = 1 \qquad a.e. \qquad y^0$$

$$g^1(y^1\mid a) = \int\varphi(y^1\mid y^0)g^0(y^0\mid a)dy^0$$

如当$y^0=h(a)+\varepsilon$，$y^1=y^0+\varepsilon^1$，其中a、ε、ε^1相互独立，且ε、ε^1均为纯噪声时。又如信息的加总或遗漏信息的情形：

① 实际操作中可令阶段博弈的所有可行支付的集合为W_0。

$y^1 = F(y^0)$，F 为某个函数。

定理 6：Kandori（1992）

（1）弱单调性。在不完美公共监督下，若 Y^1 是 Y^0 的一个 quasi - garbling，则在信号 Y^1 条件下的均衡支付，在更好的信号 Y^0 仍然是均衡支付。

（2）严格单调性。在一定的技术性假设下①，随着信息的改进（从 Y^1 到 Y^0），均衡支付集在每个非饱和方向（non - saturated direction）上严格扩张。其中非饱和方向是指在该方向（相对于某个福利权重）上最优的均衡仍然涉及有成本的惩罚（均衡路径上需要惩罚）。

这里的直觉很简单：在非饱和方向上，参与人应该更积极、有效地利用信息以最小化（均衡路径上的）惩罚成本；因此更精确的信息总是有价值的。

定理 3、4、5、6 最初都是在连续信号空间中得出的，但其结论适用于其他类型的信号空间。另外自我生成的方法也适用于完美监督重复博弈，并可简化讨论②。

在本小节的最后，简单讨论一下公共策略均衡（PPE）与完美贝叶斯均衡（PBE）或序贯均衡（SE）的关系。从理论上说，即使是一个普通的隐藏行动问题，由于是重复博弈，上一期的隐藏行动到了下一期就变成了参与人的私人信息。因此，此类博弈的一个基本的均衡概念应该是 PBE 或 SE③。实际上，APS 最初使用的就是 SE 概念（尽管只考虑公共策略）。FLM（1994）最早提出了 PPE 的概念，并且探讨了 PPE 与 PBE 的关系。若在最弱的意义上使用 PBE 的概念，即给定信念，要求行动是序贯理性的；

---

① 排除掉以下情况：重复博弈中的最优行动本身就是静态纳什均衡行动（如行动的成本为 0）；或 First - Best 在 Y^0 时已经可以被实施了。同时亦要求 Slater 条件成立。

② 参见 Cronshaw 和 Luenberger（1994）。

③ PBE 与 SE 的差别在于，SE 规定在非均衡路径上，信念按贝叶斯法则更新；PBE 则没有这一规定。对不完美公共监督重复博弈，PBE 与 SE 一般并无差别（除了内生信号空间之外），因为不存在非均衡路径。

而在任何被均衡赋予正概率的历史（均衡路径）之后的信念由贝叶斯法则生成。则任何 PPE 都可以被构造为一个 PBE，只要加上一个与贝叶斯法则相一致的信念即可。PPE 中加上的信念实际上是无关的，因为信念是指参与人关于自己处于信息集中的哪一个节的概率判断；而在公共策略均衡中，同一信息集中所有的节都将导致支付的相同概率分布（因为其他参与人的私人信息——其过去的行动——并不影响他们的行为）。这解释了为什么在不完美公共监督重复博弈中即使没有合适的子博弈，我们却可以将各个公共历史视作会引起一个不同的子博弈。但反过来说，一个 PBE 并不一定是 PPE。因为 PPE 有一个递归结构：即它在每一个后续博弈中引致了一个 PPE（具体支付可能不同）。比较而言，PBE 不一定具有递归结构。事实上，当有三个或多个参与人时，某些 PBE 支付可能居于 PPE 支付集合之外。这样的例子可参见 Kandori 和 Obara（2006）。什么时候一个博弈的 PPE 集与 PBE 集（或 SE 集）一致？FLM（1994）提到的一个特例是，在两人博弈中（都是长期参与人），若仅有一个参与人的行动是不完美观测的，则 PPE 集与 PBE 集重合，其原因如下。后续均衡中面临的主要困难是不可观察行动的参与人——比如说参与人 1——的策略可能依赖于自身过去的行动。然而，我们可以将他的策略替代为如下策略：所有可能的基于以往行动序列的策略的平均。若固定参与人 2（其行动是可观察的）的策略不变，则这个新的策略仍是最优的（因为它是最优策略的平均化），而且导致相同的支付。进一步，若平均化的方法（加权方法）是模仿参与人 2 关于参与人 1 过去行动的信念（由于参与人 2 行动公开，这是可以计算的），则参与人 2 的固定策略对参与人 1 的平均化了的新策略仍是最优反应。从而，我们就构造了一个与后续均衡有相同支付的 PPE。当各参与人的私人信息相互独立时，类似的逻辑可以推广到多参与人情形。Fudenberg 和 Levine（1994）表明，当存在多个长期参与人和多个短期参与人时，若博弈具有乘积信号的结构，且短期参与人的行动是可以观察的，则 PPE 支付集与 SE 支付集相同。

二　连续信号空间

连续信号空间（如当 y 为一元或多元正态分布）条件下的基本理论主要归功于 APS（1986，1990）。以下叙述连续信号空间中的几个特殊问题。

（一）均衡策略的性质

定理 7：Bang - Bang 性质（APS，1990）

（1）（充分性）令 W 是紧集，且$(a, \hat{u})$相对于 W 的凸包是可执行的，则存在一个可仅从 W 的极点（extreme points）取值的函数$\bar{u}$，使得$(a, \bar{u})$相对于 W 是可执行的，且$E(a, \bar{u}) = E(a, \hat{u})$。（任何报酬函数都能被仅在均衡集的极点处取值的报酬函数所取代，而不影响激励条件。）

（2）（必要性）若 $E(a, u)$ 是 W 边界上的点，则 u 一定满足 Bang - Bang 性质[①]。

Bang - Bang 性质的必要性成立需要一些较复杂的技术性条件，其中主要的一个是 Slater 条件。

定义：$a \in S$ 关于 W 满足 Slater 条件，若存在(a, u)关于 W 的凸包是可执行的；且对那些有不止一个行动选择的参与人 i，若 γ 是其除 a_i 之外的行动选择，则 $E_i(a, u) > E_i(\gamma, a_{-i}; u)$。

简单地说，Slater 条件成立，意味着 a 是参与人的严格最优选择。Slater 条件成立的一个充分条件是信号是条件线性独立的，且参与人充分耐心（δ 足够大）。更准确地说，即集合系$\{g(\cdot;$

① 此处略去了一些技术性条件。对所有的两人博弈，或均衡支付集不超过二维时，且 W 就取均衡集本身，则这些技术性条件都会被满足。

$a)\} \cup \{g(\cdot; \gamma, a_{-i}): \gamma \in S_i\{a_i\}, i = 1, \cdots, N\}$ 是线性独立的。

Bang – Bang 性质成立的根本是：参与人都是风险中性的，从而相关最优化问题具有线性性质。

Bang – Bang 性质表明，对于均衡中的后续支付，我们只需要考虑一些极点就可以了，这大大简化了计算。

（二）连续信号空间的应用

从应用的角度看，连续信号空间有一些特点。

（1）只能考虑纯策略均衡，混合策略被排除在范围之外。若众参与人在第一期随机化，则参与人 1 不能从公共信号和均衡假设推断其他参与人的后续策略；因为参与人 2 的后续策略可能依赖于其第一期的具体行动（混合策略的某个具体实现），而参与人 1 并不能观察到第一期行动，从而第一期行动不再被均衡所确定。

（2）对于连续信号空间，均衡支付集的计算方法（定理 4）在特殊条件下可以处理①。如仅允许所有长期参与人采取对称策略时，均衡集将是一维的，且必然是线段；再由 Bang – Bang 性质，只要关注线段的两个端点就可以了。

（3）严格意义上的 Bang – Bang 性质对有限信号一般是不成立的。

下面介绍一些应用。

一维均衡支付。（a）仅允许对称策略：如 Green 和 Porter（1984）。（b）仅一个长期参与人（可能有多个短期参与人）：如生产体验品的垄断厂商的问题，参见 Cai 和 Obara（2009）。结论：当信号的分布满足单调似然率条件（MLRP）时，触发策略

---

① 直接利用定理 4 进行集合迭代的算法目前主要集中于完美监督重复博弈情形，参见 Judd et al.（2003）。对于不完美公共监督重复博弈，仅可能针对一些具体的例子进行数值运算，如 Wang（1995）。

是最优的。

重复委托代理问题①。如 Levin（2003）对关系契约的分析，其特殊性在于只有一方——代理人——存在隐藏行动，委托人的行动是可观察的；因此委托人和代理人之间每期可通过货币转移（monetary transfer）提供激励，而不需要借助于后续支付的变化（由于委托人的行动可以观察，不存在同时惩罚交易双方的情况）。从而只需要一个平稳（stationary）的契约就足够了。当然，Levin（2003）研究的并不是所有可能的均衡集，仅包括最优契约：即最大化委托代理双方总支付的契约。这些契约构成了二维空间中的一个线段，满足：

$$u+\pi=s, u\geqslant\bar{u}, \pi\geqslant\bar{\pi}$$

其中 u 为最优均衡中代理人的平均支付，π为委托人的平均支付。$\bar{u}$、$\bar{\pi}$分别为代理人和委托人的保留支付。

Rayo(2007)假设多个代理人进行团队生产，每期代理人 i 可选择隐藏行动 e_i，并形成联合利润 x。进一步假定，对每个 e_i，存在一个独立的公共信号 y_i。且假定对 e_i，y 是(x，y)的充分统计量。可能的激励方式有两种：一是可执行的显性激励：利润份额 α_i；一是自我实施的隐性激励 b(y)。由于 y 是(x，y)的充分统计量，如果没有可执行性的问题，b(y)提供的激励就足够了，利润份额激励是不必要的。但由于 b(y)的执行受到未来可能得到的总利润的限制，利润份额的显性激励可用以缓解这一性质：可将利润份额集中到那些生产中最有效率、最难监督的代理人身上。但在 Rayo(2007)中，并没有推导最优的隐性契约形式，而是假定后续支付 u(y)是可分的。其中后续支付 u(y)定义为当期隐性激励 b(y)与后续期望总支付贴现的和。而且假定 u(y)可分，即：

$$u_i(y)=v_i(y_i)+m_i(y_{-i})$$

① 早期的研究参见 Spear 和 Srivastava（1987）等。

三　有限信号空间

当信号 y 只能取有限个值的时候，均衡集的计算可能会极大地简化，但是均衡策略却相对复杂。首先引入以下记号。

记 V 为所有可行支付组成的集合 $\{g(a)=[g_1(a), \cdots, g_N(a): a\in A]\}$ 的凸壳，$\underline{v}_i$ 为 i 的最小最大支付，即：

$$\underline{v}_i = \min_{\alpha_{-i}} \max_{a_i} g_i(a_i, \alpha_{-i})$$

$$\alpha^i_{-i} = \operatorname{argmin}_{\alpha_{-i}} \max_{a_i} g_i(a_i, \alpha_{-i})$$

α^i_i 为 i 对 α^i_{-i} 任意最优反应。则（α^i_{-i}，α^i_i）为针对参与人 i 的最小最大组合。记 V^* 为所有可行的、满足个人理性的支付集合，即：

$$V^* = \{v\in V: v_i \geqslant \underline{v}_i, \forall i\}$$

另外有基本假设：集合 V 有非空的内部（满维度条件）。

（一）仅存在长期参与人时的无名氏定理

重复博弈论中的无名氏定理是说，当参与人足够耐心的时候，每一个可行支付（满足个人理性，但不一定是静态纳什均衡支付）都可被构造成为均衡支付。早期的无名氏定理主要针对完美监督重复博弈①，实际上在不完美公共监督重复博弈中也有类似情形；但是除了参与人足够耐心的条件，进一步要求信号要足够好。

对每个参与人 i，给定其他参与人的行动 α_{-i}，i 的所有可能行动形成的公共信号可记为矩阵：$\Pi_i(\alpha_{-i})$。该矩阵共有 m_i 行，代表行动；m 列，代表信号。其组成元素为概率。如第一行第二列代表 i 采取第一个行动时产生第二个公共信号的概率（给定其他参与人的行动）。则该矩阵每行元素之和为 1。

① 如 Friedman（1971）、Fudenberg 和 Maskin（1986）等。

个人满秩条件：矩阵 $\Pi_i(\alpha_{-i})$ 的秩为 m_i。这意味着，参与人 i 的任何偏离行为从统计上是可以观察的（各行之间线性独立）。

将参与人 i 和 j 的上述矩阵上下罗列，形成矩阵 $\Pi_{ij}(\alpha)$：

$$\Pi_{ij}(\alpha)=\begin{pmatrix}\Pi_i(\alpha_{-i})\\ \Pi_j(\alpha_{-j})\end{pmatrix}$$

显然矩阵 $\Pi_{ij}(\alpha)$ 不会是满行秩的，至少存在一个线性依赖关系。如当 α 代表第一行的行动，则 $\Pi_i(\alpha_{-i})$ 与 $\Pi_j(\alpha_{-j})$ 的第一行相同。

两两满秩条件：策略组合 α 满足两两满秩条件，若矩阵 $\Pi_{ij}(\alpha)$ 的秩为 m_i+m_j-1。

两两识别（pairwise identifiability）条件：策略组合 α 满足两两识别条件，若矩阵 $\Pi_{ij}(\alpha)$ 的秩为：$\text{rank}[\Pi_i(\alpha_{-i})]+\text{rank}[\Pi_j(\alpha_{-j})]-1$。

可见：两两满秩条件＝个人满秩条件＋两两识别条件。两两识别条件意味着参与人 i 和 j 对特定行动的偏离会导致公共信号的不同分布，从而在统计上是可以辨识 i 或 j 的偏离行为。

条件 1：每一个纯策略、帕累托有效的组合，对任意一对参与人满足两两识别条件。

条件 2：对任意一对参与人 i、j，存在一个策略组合 α 满足两两满秩条件。（不同的参与人对，满足条件的可以是不同的 α。）

条件 3：任何纯策略组合都满足个人满秩条件。

定理 8：[①]（无名氏定理）

设以下两点满足：（i）条件 1 或 2；（ii）条件 3。则当 W 是 V^* 内部的一个光滑子集[②]时，存在 $\underline{\delta}<1$，使得对所有 $\delta>\underline{\delta}$，$W\subseteq E(\delta)$。

① 定理 8 和定理 9 归功于 FLM（1994）。

② 一个集合 W 是光滑的：若 W 是闭的、凸的、有非空的内部，且在 W 的每个边界点 v 处有唯一的切超平面 Pv，其中 Pv 随 v 连续地变化。

定理9：（纳什威胁无名氏定理）

设条件1或条件2被满足，α^e 为阶段博弈的一个纳什均衡，V^0 是一个包含 $g(\alpha^e)$ 和帕累托有效支付向量（且后者优于前者）的集合的凸壳，W是 V^0 内部的一个光滑集合，则存在 $\underline{\delta}<1$，使得对所有 $\delta>\underline{\delta}$，$W\subseteq E(\delta)$。

与连续信号空间不同的是，在离散（有限）信号空间时，对均衡支付的合适分解并不是在极点上，而是在超平面上①。因为对离散（有限）信号空间而言，Bang－Bang性质一般而言并不成立。②

比较来看，在离散（有限）信号空间中，均衡集很容易求，但是均衡策略相对复杂，较少直观意义（后续支付在超平面上分解）。而在连续信号空间中，均衡策略很简单、直观（由于Bang－Bang性质），但是均衡集很难求解。各有利弊。

（二）存在短期参与人或信号不够精确时均衡集的上界

若存在短期参与人，或定理8与定理9中的条件都不被满足的时候，仍然有可能求出均衡集的上界（从集合包含的意义上讲）。

现在稍微改变一下博弈的结构，假设N个参与人中仅有L个长期参与人（$i=1, \cdots, L$），剩下N－L个为短期参与人（$j=L+1, \cdots, N$）。后者仅参与一次博弈。记 $E(\delta)\subset R^L$ 为公共策略均衡中长期参与人的平均贴现支付的集合。

在分析中需要改变的主要是短期参与人只会玩一个静态最优反应。令$\mathcal{A}$为混合行动空间，$\mathcal{A}=(\mathcal{A}_1, \cdots, \mathcal{A}_N)$，定义对应（correspondence）B：

$$B: \mathcal{A}_1\times\cdots\times\mathcal{A}_L\rightarrow\mathcal{A}_{L+1}\times\cdots\times\mathcal{A}_N$$

---

① 参见FLM（1994）。限于篇幅，此处不再详细阐述。

② 有限信号空间情形在委托代理理论、合伙企业理论等方面的应用参见Radner、Myerson和Maskin（1986），Che和Yoo（2001），Baker、Gibbons和Murphy（2002）等。

B 的像为 graph(B)。若对任意 $\alpha\in$ graph(B)及任意 $j>L$，α_j 最大化了 $g_j(\alpha'_j，\alpha_{-j})$，则 B 为短期最优反应对应。

现在可行集 V 是 R^L 中的一个子集，由长期参与人的支付 $[g_1(\alpha)，\cdots，g_L(\alpha)]$ 的凸组合构成，其中 $\alpha\in$ graph(B)。因此允许短期参与人的存在仅相当于在仅有长期参与人的博弈中施加了一个约束条件：短期参与人的行动是静态最优的。

对于长期参与人，可执行性和自我生成的概念仍然成立。计算公共策略均衡集的关键是研究均衡支付的特殊分解方法：通过位于 R^L 中某个半空间 H 内的后续支付产生均衡支付。具体计算步骤如下：

第一步：计算长期参与人行动 α 在方向 λ 和贴现因子为 δ 时的最大得分 $k^*(\alpha，\lambda，\delta)$：

$$k^*(\alpha,\lambda,\delta) = \max_{v,w}\lambda\cdot v$$

$$\text{s.t.}\quad (a)v_i = (1-\delta)g_i(a_i,\alpha_{-i}) + \delta\sum \pi_y(a_i,\alpha_{-i})w_i(y)$$

$$for\quad a_i\quad \text{s.t.}\ \alpha_i(a_i) > 0$$

$$(b)v_i \geqslant (1-\delta)g_i(a_i,\alpha_{-i}) + \delta\sum \pi_y(a_i,\alpha_{-i})w_i(y)$$

$$for\quad a_i\quad \text{s.t.}\ \alpha_i(a_i) = 0$$

$$(c)\lambda\cdot v \geqslant \lambda\cdot w(y)\qquad for\quad y\in Y$$

条件（a）（b）实际上是可执行性的条件，条件（c）则限制后续支付在半空间 H 内：

$$H(\lambda,k) = \{v\,|\,\lambda\cdot v\leqslant k\}$$

针对上述线性规划问题，可以证明 $k^*(\alpha，\lambda，\delta)$与 δ 无关，从而可以记为 $k^*(\alpha，\lambda)$。

第二步：求在方向 λ 上针对所有可行行动的最大得分 $k^*(\lambda)$：

$$k^*(\lambda) = \sup_{\alpha\in \text{graph}(B)}k^*(\alpha,\lambda)$$

及在方向 λ 上的最大半空间 $H^*(\lambda)=H(\lambda，k^*(\lambda))$。

第三步：求所有上述最大半空间 $H^*(\lambda)$的交集 Q：

$Q = \cap_{\lambda} \quad H^{*}(\lambda)$

则有以下基本定理。

理 10：[①] 均衡集的上界

(i)对所有 δ，E(δ)⊆Q。

(ii)若集合 Q 的维度是 L(满维度)[②]，则$\lim\limits_{\delta \to 1} E(\delta) = Q$。

关于第一步，Mailath 和 Samuelson（2006）对 λ 和 k^{*}（λ）的含义做出了较完整的解释。λ 可视作某种福利权重。对任一个方向 λ，λ·v 可视作众参与人在权重 λ 下的平均效用；而 $k^{*}(\lambda)$ 可看作为了给予各个参与人适当的激励，上述“平均”效用受到限制后的边界。第二步是一个简单的短期参与人行动的最优化（若不存在短期参与人，本步骤可略去）。第三步从数学角度看是很自然的：由凸集理论，任何紧集（均衡集是紧集）的凸壳都可表示成包含它的所有半空间的交。

在有限信号空间情形中，有一类特殊的带有乘积信号结构的博弈，特略加介绍。

定义 11：乘积结构的博弈

一个博弈被称为具有乘积结构，若：$y = (y_1, \cdots, y_L)$且

$\pi_y(a) = \pi_{y1}(a_1, a_{SR}), \cdots, \pi_{yL}(a_L, a_{SR})$

其中π_{yi}是公共信号 y 在 y_i 上的边际分布，$a_{SR} = (a_{L+1}, \cdots, a_N)$代表短期参与人的行动。

简单地说，乘积结构的博弈就是公共信号是 L 维的，对应 L 个长期参与人。信号的第 i 维仅由长期参与人 i 与短期参与人决定，与其他长期参与人无关。或者说，在每期，各个长期参与人都可以发出一个公共信号，这些公共信号彼此独立。在乘积结构的博弈中，关于信号分布，只需要比个人满秩条件弱一些的充分

① 定理 10 及定理 12 归功于 Fudenberg 和 Levine（1994）。

② 当满维度条件不满足时极限均衡集的求法，参见 Fudenberg、Levine 和 Takahashi（2007）。

秩条件。

充分秩条件(sufficient rank condition)：具有乘积结构的博弈在策略组合 α 满足充分秩条件，若$\pi_i(\alpha_{SR})$的每个左零向量(left null vector)都与向量 $g_i(\alpha_{-i})$ 正交。其中左零向量的含义为：若 $C\cdot\pi_i(\alpha_{SR})=0$，则称向量 C 为$\pi_i(\alpha_{SR})$的左零向量。

注意到存在短期参与人时，$V=\{g(\alpha)$的凸组合：$\alpha\in graph(B)\}$为给定短期参与人最优反应时，长期参与人的所有可行收益的集合。令 e_i 是第 i 维取 1，其余全取 0 值的向量。

定理 12：若乘积结构的博弈满足充分秩条件，则 Q 是 V 与下述 2L 个约束的交：

$$-k^*(-e_i)\leqslant V_i\leqslant k^*(e_i)$$

参见前述"最大得分"$k^*(\lambda)$的定义，可知 $k^*(e_i)$的经济含义是假设只有一个长期参与人 i，其他条件不变时，i 能够得到的最高可能的均衡收益；$-k^*(-e_i)$是相应的最低可能的均衡收益。

四　内生信号空间

内生信号空间的出现是源于对重复逆向选择问题的研究。从理论上看，可以将逆向选择问题视作带有内生信号的道德风险问题。在这一部分，重复博弈理论和机制设计理论完美地结合在一起了。二者的连接点在于，重复博弈中的后续支付与机制设计模型中的当期货币转移在本质上是相同的，只不过前者的可能规模是由博弈内生地决定的。Fudenberg、Levine 和 Maskin （1994） 最早研究了这种类型的博弈。

令 $\theta_i\in\Theta_i$(Θ_i 有限)是参与人 i 的类型，为私人信息。对连续类型，其密度为 $f(\theta_i)$；对离散类型，其取值概率为$\hat{\pi}(\theta_i)=prob(\theta_i)$。参与人 i 在知道自己的类型后采取的步骤(move)为：$y_i\in Y_i$，y_i 是可观察的。参与人 i 的行动(action)可理解为一个映射

a_i：$\Theta_i \to Y_i$。参与人的行动是不可观察的，只有 y_i 作为公共信号。令 $y=(y_1, \cdots, y_N)$，y_i 之间相互独立（$i=1, \cdots, N$）。以上构成一个阶段博弈。因此这也是一个带有乘积信号结构的博弈。在重复博弈中，假设参与人 i 的类型是可变的，θ_{it} 随 t 独立同分布①。

这个博弈的复杂之处在于：在参与人知道了自己的类型之后，就不再有外在的不确定性了，参与人的行动可以完全决定信号的值。不像在一般的道德风险问题中，参与人的行动之外，还有一个随机扰动项。因此现在仍假设信号空间的支撑集（support）与行动无关就是不适合的了。实际上，信号空间是内生的。（当然，在普通的道德风险问题中，信号的实现值也与行动有关，但二者之间仅是一个概率关系，而非确定的函数关系。）

内生信号框架里，一个有意思的结果是：特定条件下均衡中出现的信号可能会退化为单点。下面举两个例子：

一是 Athey、Bagwell 和 Sanchirico（2004）研究的成本为私人信息的重复 Bertrand 竞争模型。假设有 N 个事前同质的厂商生产一种可以相互完美替代的产品。厂商的私人信息是其单位成本 $\theta_i \in [\underline{\theta}, \overline{\theta}]$，其分布函数和密度函数分别为 $F(\theta)$，$f(\theta)$，其中 $f(\theta)>0$。公共信号为厂商的定价水平 p_i，厂商的行动为定价策略 $p_i=\rho_i(\theta_i)$。另外假设消费者为[0，1]区间上的连续统，每个消费者对该产品最多拥有一单位的无弹性需求，只要价格水平低于其保留价格 r。每期厂商的类型随机决定，各期之间独立同分布。结果是：若分布函数 $F(.)$ 为对数凹的（log-concave），或 $(r-\overline{\theta})$ 足够大，则在最优的对称公共策略均衡中②，足够耐心的厂商（δ 充分大）会形成合谋，每期统一定价为 r，并平等地分配

① 若 θ_{it} 存在自相关，则成为一个动态机制设计问题，这方面的文献参见 Athey 和 Bagwell（2006）、Athey 和 Segal（2007a，2007b）、Wiseman（2005）等。

② 在双寡头情形下，Athey 和 Bagwell（2001）对非对称策略进行了讨论。

市场份额——不论各个厂商的类型为何。Athey 等(2004)称之为价格黏性。

二是 Levin(2003)研究的存在私人信息时的关系契约。考虑一个委托人和一个代理人，二者都是风险中性的，且博弈潜在地可进行无穷期。代理人的类型是其成本参数，$\theta_i \in [\underline{\theta}, \overline{\theta}]$，其分布函数和密度函数分别为 $F(\theta)$，$f(\theta)$，其中 $f(\theta)>0$。类型是可变的，各期独立同分布。成本参数是私人信息。代理人的成本函数为 $c(e_t, \theta_t)$。其中 e_t 为 t 期时代理人选择的努力水平，假定这是可观察的(但不可被第三方验证)。产出是不确定的，假定仅取决于代理人的努力水平，与代理人的类型无关。注意现在公共信号不再是产出水平了，而是可观察的努力水平，因为显然后者是前者的充分统计量。由于努力水平可以观察，委托人需要决定的是与不同类型代理人相联系的努力水平 $e(\theta)$。这在一般的信息经济学中称为信息甄别(screening)。但是，在动态环境中，当无法签订显性契约时(由于努力水平虽可观察但不可验证)，最优的努力水平可以取以下三种形式：

(1)完全混同：对所有类型的代理人，$e(\theta)$ 为常数，但小于不存在私人信息时的最优(first best)水平。

(2)部分混同：对某个 $\hat{\theta} \in (\underline{\theta}, \overline{\theta})$，$e(\theta)$ 在区间$[\underline{\theta}, \hat{\theta}]$上为常数，在$(\hat{\theta}, \overline{\theta}]$上严格递增。

(3)最优水平(first - best)：$e(\theta) = e^{FB}(\theta)$。

五　小结

本部分介绍了离散时间条件下不完美公共监督重复博弈理论的共同框架：动态规划与自我生成方法。然后根据信号空间的差异，分连续信号、有限信号、内生信号三种情况综述已有理论文献。本节综述有更强的方法论导向，尤其是在共同框架之下，比较了连续信号与有限信号模型的优劣。连续信号模型求解均衡策略比较容易，一般应用中直接寻找 Bang - Bang 策略即可；但是求解完整的均衡集比较困难。由于重复博弈均衡的多重性，对均衡集的完整刻画在理论上是比较重要的。有限信号模型求解均衡集（或均衡集的上界）相对容易，但是求解具体的均衡策略比较困难，除非限于博弈参与人只有两种行动、两种信号。

关于不完美公共监督重复博弈，理论研究的一大热点是连续时间情形。连续时间情形在数学上更加复杂，涉及很多随机分析方面的知识（如随机微分方程的求解），但是能够得出许多漂亮的结论。应用方面的一个热点可能是动态机制设计（内生信号空间，各期之间的私人信息存在自相关）等。

参考文献

蔡洪滨、张琥、严旭阳：《中国企业信誉缺失的理论分析》，《经济研究》2006 年第 9 期。

杜钟祥、李泳：《徐州市某三级医院 2009—2011 年单病种付费情况的调查》，《中国卫生经济》2012 年 12 期。

［美］弗登博格、［法］梯若尔：《博弈论》，黄涛等译，中国人民大学出版社 2002 年版。

黄涛、颜涛：《医疗信任商品的信号博弈分析》，《经济研究》2009 年第 8 期。

寇宗来：《“以药养医”与“看病贵、看病难”》，《世界经济》2010 年第 1 期。

李金波、聂辉华、沈吉：《团队生产、集体声誉和分享规则》，《经济学（季刊）》2010 年第 3 期。

李维安、吴德胜、徐皓：《网络交易中的声誉机制——来自淘宝网的证据》，《南开管理评论》2007 年第 5 期。

栗成强、代涛、朱坤：《支付方式对医疗质量的影响分析》，《中国卫生经济》2011 年第 6 期。

刘春雨、张群、江芹、张振忠：《医保年度支付总量控制对医保患者住院费用影响的探讨》，《中国卫生经济》2014 年第 7 期。

刘小鲁：《管制、市场结构与中国医药分离的改革绩效》，《世界经济》2011 年第 12 期。

刘小鲁:《价格上限管制、总额预付制与医疗保险下的金融风险》,《世界经济》2014 年第 11 期。

刘小鲁:《价格上限管制下的预付制比较:总额预付制与按人头付费制》,《经济评论》2015 年第 4 期。

陆方文、高晨、徐菲、刘国恩、熊先军:《按人头付费与开放式首诊改革:基于城居保入户调查分析》,《中国卫生经济》2014 年第 6 期。

吕国营:《测量成本、可验证性与医疗费用支付方式》,《财贸经济》2009 年第 10 期。

马本江:《基于委托代理理论的医患交易契约设计》,《经济研究》2007 年第 12 期。

聂辉华:《契约不完全一定导致投资无效率吗?——一个带有不对称信息的敲竹杠模型》,《经济研究》2008 年第 2 期。

平新乔、郝朝艳:《假冒伪劣与市场结构》,《经济学(季刊)》2002 年第 1 期。

沈娟、简伟研、谢铮、郭岩:《支付方式对住院分娩费用的影响——基于四所县医院的抽样调查》《中国卫生政策研究》2012 年第 6 期。

孙树学、孙晶晶、魏俊丽、赵冠宏:《北京市医疗保险总额预付试点效果评价》,《中国卫生经济》2012 年第 9 期。

汤健、徐恒秋、孔运生、彭婧、聂纪婷:《单病种付费方式对县级公立医院住院费用的影响——以子宫平滑肌瘤为例》,《中国医院管理》2016 年第 10 期。

王永钦:《市场互联性、关系型合约与经济转型》,《经济研究》2006 年第 6 期。

吴德胜、李维安:《集体声誉、可置信承诺与契约执行——以网上拍卖中的卖家商盟为例》,《经济研究》2009 年第 6 期。

吴德胜:《网上交易中的私人秩序——社区、声誉与第三方中介》,《经济学(季刊)》2007 年第 3 期。

徐伟、杜珍珍、郝梅：《职工医保单病种定额付费实施效果分析——以南京江宁区为例》,《中国医疗保险》2016 年第 4 期。

杨居正:《一口价的信息与声誉机制——基于网上拍卖数据的实证研究》,《产业经济评论》2008 年第 2 期。

于保荣、杨帆、杜凯、王涛:《实施临床路径及按病例支付前后医疗行为和服务质量变化分析：以腹股沟疝为例》,《中国卫生事业管理》2013 年第 6 期。

张琥:《集体信誉的理论分析——集团内部逆向选择问题》,《经济研究》2008 年第 12 期。

赵农、刘小鲁:《进入管制与产品质量》,《经济研究》2005 年第 1 期。

周黎安、张维迎、顾全林、沈懿:《声誉的价值：以网上拍卖交易为例》,《经济研究》2006 年第 12 期。

卫生部信息中心:《2008 中国卫生服务调查研究：第四次家庭健康询问调查分析报告》, 中国协和医科大学出版社 2009 年版。

周其仁:《病有所医当问谁》, 北京大学出版社 2008 年版。

朱恒鹏:《医疗体制弊端与药品定价扭曲》,《中国社会科学》2007 年第 4 期。

朱恒鹏:《管制的内生性及其后果——以医药价格管制为例》,《世界经济》2011 年第 7 期。

朱坤、代涛、张小娟、毛瑛:《陕西省新农合单病种定额付费改革的效果分析——基于镇安和旬邑两县的抽样调查》,《中国卫生政策研究》2013 年第 6 期。

Abreu, Dilip. On the Theory of Infinitely Repeated Games with Discounting. *Econometrica*, 1988: Vol. 56.

Abreu, Dilip; Pearce, David; Stacchetti, Ennio. Optimal Cartel Equilibria with Imperfect Monitoring. *Journal of Economic Theory*, 1986: Vol. 39, No. 1.

Abreu, Dilip; Pearce, David; Stacchetti, Ennio. Toward a Theory of Discounted Repeated Games with Imperfect Monitoring. *Econometrica*, 1990: Vol. 58, No. 5.

Abreu, Dilip; Milgrom, Paul; Pearce, David. Information and Timing in Repeated Partnerships. *Econometrica*, Vol. 59, No. 6, 1991.

Aizcorbe, Ana and Nicole Nestoriak. "The Importance of Pricing the Bundle of Treatments." BEA Working Paper 2008 – 4.

Akerlof, George A. The Market for "Lemons": Quality Uncertainty and the Market Mechanism. *Quarterly Journal of Economics*, Vol. 84, No. 3, 1970.

Allen, Franklin. Reputation and Product Quality. *RAND Journal of Economics*, 1984: Vol. 15, No. 3.

Andersson, Fredrik. Pooling Reputations. *International Journal of Industrial Organization*. Vol, 2002: 20.

Athey, Susan; Bagwell, Kyle. Optimal Collusion with Private Information. *RAND Journal of Economics*, Vol. 32, No. 3, 2001.

Athey, Susan; Atkeson, Andrew; Kehoe, Patrick, J. The Optimal Degree of Discretion in Monetary Policy. *Econometrica*, Vol. 73, No. 5, 2005.

Athey, Susan; Bagwell, Kyle. Collusion with Persistent Cost Shocks. *Econometrica*, 2006: accepted subject to final revisions.

Athey, Susan; Bagwell, Kyle; Sanchirico, Chris. Collusion and Price Rigidity. *Review of Economic Studies*, Vol. 71, No. 2, 2004.

Athey, Susan; Segal, Ilya. Designing Efficient Mechanisms for Dynamic Bilateral Trading Games. *American Economic Review*, Vol. 97, No. 2, 2007 (a).

Athey, Susan; Segal, Ilya. An Efficient Dynamic Mechanism. Working Paper, 2007 (b).

Atkeson, A., Christian Hellwig, and Guillermo Ordonez. Optimal Regulation in the Presence of Reputation Concerns. *Quarterly Journal of Economics* (2015) .

Bajari, Patrick; Hortacsu, Ali. Economic Insights from Internet Auctions. *Journal of Economic Literature*, 2004: Vol. 42, No. 2.

Baker, George; Gibbons, Robert; Murphy, Kevin, J. Relational Contracts and the Theory of the Firm. *Quarterly Journal of Economics*, 2002: Vol. 117, No. 1.

Bar – Isaac. Imperfect Competition and Reputational Commitment. *Economic Letters*, 2003.

Bar – Isaac, Heski. Something to Prove: Reputation in Teams. *RAND Journal of Economics*, 2007: Vol. 38, No. 2.

Barzel, Yoram. *Economic Analysis of Property Rights* (2nd Edition), Cambridge University Press, 1997.

Bergemann, Dirk; Valimaki, Juuso. Dynamic Pricing of New Experience Goods. *Journal of Political Economy*, 2006: Vol. 114, No. 4.

Bester, Helmut. Quality Uncertainty Mitigates Product Differentiation. *RAND Journal of Economics*, 1998: Vol. 29, No. 4.

Bhaskar, V. The Competitive Effects of Price – Floors. *Journal of Industrial Economics*, 1997: Vol. 45, No. 3.

Bhaskar, V. Informational Constraints and the Overlapping Generations Model: Folk and Anti – Folk Theorems. *Review of Economic Studies*, 1998: Vol. 65, No. 1.

Bubaloa, Branko and Alberto A. Gaggerob. Low – cost carrier competition and airline service quality in Europe. *Transport Policy*, 2015: Vol. 43.

Cabral, Luis M B. Optimal Brand Umbrella Size. New York University, Working Paper. 2003.

Cabral, Luis, M. B. *The Economics of Trust and Reputation.* In Press. 2008.

Cabral, Luis, M. B. and Ali Hortacsu. The Dynamics of Seller Reputation: Evidence From Ebay. *Journal of Industrial Economics*, 2010: Vol. 58, No. 1.

Cai, Hongbin; Obara, Ichirico. Firm Reputation and Horizontal Integration. *RAND Journal of Economics*, 2009: Vol. 40.

Celantani, Marco; Fudenberg, Drew; Levine, David; and Pesendorfer. Maintain a Reputation Against a Long - lived Opponent. *Econometrica*, 1996: Vol. 64, No. 3.

Chari, V. V., Ali Shourideh, and Ariel Zetlin - Jones. Reputation and Persistence of Adverse Selection in Secondary Loan Markets. *American Economic Review* 2014, 104 (12).

Chalkley, Martin and James M. Malcomson. 1998. "Contracting for Health Services When Patient Demand Does not Reflect Quality". *Journal of Health Economics* 17.

Che, Yeon - Koo; Yoo, Seung - Weon. Optimal Incentives for Teams. *American Economic Review*, 2001: Vol. 91, No. 3.

Cheung, Stephen. "A Theory of Price Control." *Journal of Law and Economics*, 1974, 17.

Cheung, Stephen. "Roofs or Stars: The Stated Intents and Actual Effects of a Rents Ordinance." *Economic Inquiry*, 1975, 13.

Cheung, Stephen. "Rent Control and Housing Reconstruction: The Postwar Experience of Prewar Premises in Hong Kong." *Journal of Law and Economics*, 1979, 22.

Choi, Jay Pil. Brand Extension as Informational Leverage. *Review of Economic Studies*. 1998: Vol. 65.

Cripps, Martin W; K. Schmidt and J. Thomas Reputation in Perturbed Repeated Games. Journal of Economic Theory, 1996: Vol. 69.

Cripps, Martin W; Mailath, George J; Samuelson, Larry. Imperfect Monitoring and Impermanent Reputations. *Econometrica*, 2004: Vol. 72, No. 2.

Cripps, Martin W; Mailath, George J; Samuelson, Larry. Disappearring Private Reputations in Long – Run Relationships. *Journal of Economic Theory*, 2007: Vol. 134, No. 1.

Cole, Harold L; Kocherlakota, Narayana. Dynamic Games with Hidden Actions and Hidden States. *Journal of Economic Theory*, 2001: Vol. 98, No. 1.

Cole, Harold L; Kocherlakota, Narayana. Efficient Allocations with Hidden Income and Hidden Storage. *Review of Economic Studies*, 2001: Vol. 68, No. 3.

Cronshaw, Mark B; Luenberger, David G. Strongly Symmetric Subgame Perfect Equilibria in Infinitely Repeated Games with Perfect Monitoring and Discounting. *Games and Economic Behavior*, 1994: Vol. 6, No. 2.

Dana, James; Fong, Yuk – fai. Product Quality, Reputation, and Market Structure. *International Economic Review*, 2011: Vol. 52, No. 4.

Darby, Michael R; Karni, Edi. Free Competition and the Optimal Amount of Fraud. *Journal of Law and Economics*, 1973: Vol. 16, No. 1.

d'Aspremont, Claude; Gabszewicz, Jean J; Thisse, J – F. On Hotelling's "Stability in Competition". *Econometrica*, 1979: Vol. 47, No. 5.

DeMarzo, Peter M; Sannikov, Yuliy. Optimal Security Design and Dynamic Capital Structure in a Continuous – Time Agency Model. *Journal of Finance*, 2006: Vol. 61, No. 6.

Dewan, Sanjeev; Hsu, Vernon. 2004. "Adverse Selection in Electronic Markets: Evidence from Online Stamp Auctions". *Journal of Industrial Economics*, Vol. 52, No. 4, December.

Dewenter, Kathryn L; Field, Laura Casares. Investment Bank Reputation and Relaxed Listing Requirements: Evidence from Infrastructure Firm IPOs in Hong Kong. *Pacific - Basin Finance Journal*, 2001: Vol. 9, No. 2.

Dixit, Avinash. Trade Expansion and Contract Enforcement. *Journal of Political Economy*, 2003: Vol. 111, No. 6.

Domberger, S. and A. Sherr. The Impact of Competition on Pricing and Quality of Legal Services. *International Review of Law and Economics*, 1989: 9.

Dranove, David. "Health Care Markets, Regulators, and Certifiers", in Mark V. Pauly, Thomas G. McGuire and Pedro P. Barros (eds.) *Handbook of Health Economics*, 2012: Vol. 2. North - Holland.

Dudey, Marc. Competition by Choice: The Effect of Consumer Search on Firm Location Decisions. *American Economic Review*, 1990: Vol. 80, No. 5.

Dulleck, Uwe and Rudolf Kerschbamer, 2006. "On Doctors, Mechanics, and Computer Specialists: The Economics of Credence Goods", *Journal of Economic Literature* Vol. XLIV (March 2006).

Dulleck, Uwe and Rudolf Kerschbamer, "Second Degree Price Discrimination in a Market for Credence Goods." *Working Paper*, 2008.

Eaton, D. H. 2002. "Valuing Information: Evidence from Guitar Auctions on eBay". Working Paper, Murray State University.

Eggleston, Karen N. "Multitasking and Mixed Systems for Provider Payment". *Journal of Health Economics*, Vol. 24 Iss. 1 (2005).

Elfenbein, Daniel W., Raymond Fisman, and Brian McManus. Market Structure, Reputation, and the Value of Quality Certification. *American Economic Journal: Microeconomics*, 2015, 7 (4).

Ely, Jeffrey C; Valimaki, Juuso. Bad Reputation. *Quarterly Journal of Economics*, 2003: Vol. 118, No. 3.

Ellis, R. and McGuire, T. 1986. "Provider Behavior under Prospective Reimbursement: Cost Sharing and Supply". *Journal of Health Economics*, 5 (2).

Ellis, R. and McGuire, T. 1990. "Optimal Payment Systems for Health Services". *Journal of Health Economics*, 9 (4).

Faingold, Eduardo and Yuliy Sannikov. Reputation in Continuous – time Games. *Econometrica*, Vol. 79, No. 3 (May, 2011).

Fang, Lily Hua. 2005. Investment Bank Reputation and the Price and Quality of Underwriting Services. *Journal of Finance*, 2005: Vol. 60, No. 6.

Fernandes, Ana; Phelan, Christopher. A Recursive Formulation for Repeated Agency with History Dependence. *Journal of Economic Theory*, 2000: Vol. 91, No. 2.

Fischer, Jeffrey H; Harrington, Joseph E, Jr. Product Variety and Firm Agglomeration. *RAND Journal of Economics*, 1996: Vol. 27, No. 2.

Folland, S., A. Goodman and M. Stano. 2001. *The Economics of Health and Healthcare* (3rd edition). Prentice – Hall, Inc.

Fong, Yuk – Fai. 2005. "When Do Experts Cheat and Whom Do They Target?". *Rand Journal of Economics*, 36 (1).

Forbes, Silke J. The Effect of Air Traffic Delays on Airline Prices. *International Journal of Industrial Organization*, 2008: Vol. 26, No. 5.

Foreman, Stephen Earl; Shea, Dennis G. Publication of Information and Market Response: The Case of Airline on Time Performance Reports. *Review of Industrial Organization*, 1999: Vol. 14, No. 2.

Franke, Markus. Competition between Network Carriers and Low – cost Carriers—Retreat Battle or Breakthrough to a New Level of Efficiency? . *Journal of Air Transport Management*. 2004: Vol. 10.

Franke, Markus. Innovation: The Winning Formula to Regain Profitability in Aviation? . *Journal of Air Transport Management*. 2007: Vol. 13.

Frankel, A. and M. Schwarz, 2014 "Experts and Their Records" . *Economic Inquiry*, 52 (1) .

Friedman, James W. A Non – cooperative Equilibrium for Supergames. *Review of Economic Studies*, Vol. 38, No. 113, January 1971.

Friedman, James W; Thisse, Jacques – Francois. Partial Collusion Fosters Minimum Product Differentiation. *RAND Journal of Economics*, 1993: Vol. 24, No. 4.

Fudenberg, Drew; Kreps, David M; Maskin, Eric S. Repeated Games with Long – run and Short – run Players. *Review of Economic Studies*, 1990: Vol. 57, No. 4.

Fudenberg, Drew, and Levine, David. Reputation and Equilibrium Selection in Games with a Patient Player. *Econometrica*, 1989: Vol. 57, No. 4.

Fudenberg, Drew, and Levine, David. Maintaining A Reputation When Strategies are Imperfectly Observed. *Review of Economic Studies*, 1992: Vol. 59.

Fudenberg, Drew; Levine, David. Efficiency and Observability with Long – Run and Short – Run Players. *Journal of Economic Theory*, 1994: Vol. 62, No. 1.

Fudenberg, Drew; Levine, David; Maskin, Eric. The Folk Theorem with Imperfect Public Information. *Econometrica*, 1994: Vol. 62, No. 5.

Fudenberg, Drew; Levine, David; Takahashi, Satoru. Perfect Public Equilibrium When Players Are Patient. *Games and Economic Be-*

havior, 2007: Vol. 61, No. 1.

Fudenberg, Drew; Maskin, Eric. The Folk Theorem in Repeated Games with Discounting or with Incomplete Information. *Econometrica*, 1986: Vol. 54, No. 3.

Fudenberg, Drew; Tirole, Jean. *Game Theory*. MIT press, 1991.

Golosov, Mikhail; Kocherlakota, Narayana; Tsyvinski, Aleh. Optimal Indirect and Capital Taxation. *Review of Economic Studies*, 2003: Vol. 70, No. 3.

Golosov, Mikhail; Tsyvinski, Aleh. Optimal Taxation with Endogenous Insurance Markets. *Quarterly Journal of Economics*, 2007: Vol. 122, No. 2.

Green, Edward J; Porter, Robert H. Noncooperative Collusion under Imperfect Price Information. *Econometrica*, 1984: Vol. 52, No. 1.

Green, Jerry R; Stokey, Nancy L. A Comparision of Tournaments and Contracts, Journal of Political Economy, 1983: Vol. 91.

Greenfield, Daniel. Competition and service quality: New evidence from the airline industry. *Economics of Transportation*, Volume 3, Issue 1, March 2014.

Gul, Faruk. Noncooperative Collusion in Durable Goods Oligopoly. *RAND Journal of Economics*, 1987: Vol. 18, No. 2.

Holmstrom, Bengt. Managerial Incentive Problems: A Dynamic Perspective. *Review of Economic Studies*, 1999: Vol. 66, No. 1.

Horner, Johannes. Reputation and Competition. American Economic Review, 2002: Vol. 92, No. 3.

Hotelling, Harold. Stability in Competition, *The Economic Journal*, 1929: Vol. 39, No. 153.

Houser, Daniel; Wooders, John, 2006. "Reputation in Auctions: Theory, and Evidence from eBay". *Journal of Economics and Management Strategy*, Vol. 15, No. 2, Summer.

In – Uck Park, 2005. "Cheap talk referrals of dierentiated experts in repeated relationships" . *RAND Journal of Economics*, 36 (2) .

Jack, W. 2005. Purchasing Health Care Services from Providers with unknown Altruism. *Journal of Health Economics*, 24 (1) .

Jalilvand, Abolhassan; Stewart, Susan M; Switzer, Jeannette A. A Synthesis on Investment Banker Reputation and Pricing of Initial Public Offerings: New Evidence on Reverse LBOs *Financial Markets, Institutions and Instruments*, 1996: Vol. 5, No. 5.

Jehiel, Philippe. Product Differentiation and Price Collusion. *International Journal of Industrial Organization*, 1992: Vol. 10, No. 4.

Judd, Kenneth L; Yeltekin, Sevin; Conklin, James. *Computing Supergame Equilibria.* Econometrica, 2003: Vol. 71, No. 4.

Jullien, Bruno and In – Uck Park. New, Like New, or Very Good? Reputation and Credibility. *Review of Economic Studies* (2014) 81.

Kalyanam, K. , McIntyre, S. 2001. "Return on Reputation in Online Auction Markets" . Working Papers, Santa Clara University.

Kandori, Michihiro. The Use of Information in Repeated Games with Imperfect Monitoring. *Review of Economic Studies*, 1992: Vol. 59, No. 3.

Kandori, Michihiro. Introduction to Repeated Games with Private Monitoring. *Journal of Economic Theory*, 2002: Vol. 102, No. 1.

Kandori, Michihiro. Randomization, Communication, and Efficiency in Repeated Games with Imperfect Public Monitoring. *Econometrica*, 2003: Vol. 71, No. 1.

Kandori, Michihiro; Obara, Ichiro. Efficiency in Repeated Games Revisited: The Role of Private Strategies. *Econometrica*, 2006: Vol. 74, No. 2.

Klein, Benjamin; Leffler, Keith B. The Role of Market Forces in Assuring Contractual Performance. *Journal of Political Economy*,

1981: Vol. 89.

Kreps, David M; et al. Rational Cooperation in the Finitely Repeated Prisoners' Dilemma. *Journal of Economic Theory*, 1982: Vol. 27, No. 2.

Kreps, David M; Wilson, Robert. Reputation and Imperfect Information. *Journal of Economic Theory*, 1982: Vol. 27, No. 2.

Kreps, David M. Corporate Culture and Economic Theory. in *Perspectives on Positive Political Economy*. 1990. (Alt, James E; Shepsle, Kenneth A, eds, Political Economy of Institutions and Decisions series Cambridge; New York and Melbourne: Cambridge University Press).

Lazear, Edward P; Rosen, Sherwin. Rank - Order Tournaments as Optimal Labor Contracts, *Journal of Political Economy*, 1981: Vol. 89.

Leahy, Arthur S. 2007. "The Impact of Seller Reputation on Price: *Evidence from the Da Vinci Code and Amazon. com*". Briefing Notes in Economics, No. 75.

Levin, Jonathan. Relational Incentive Contracts. *American Economic Review*. 2003: Vol. 93.

Liu, Qingmin, Information Acquisition and Reputation Dynamics. *Review of Economic Studies* (2011) 78.

Livingston, Jeffrey A. 2005. "How Valuable Is a Good Reputation? A Sample Selection Model of Internet Auctions". *Review of Economics and Statistics*, Vol. 87, No. 3, August 2005.

Ljungqvist, Lars; Sargent, Thomas. *Recursive Macroeconomic Theory*. 2nd edition. MIT press, 2004.

Lucking - Reiley, David; Bryan, Doug; Prasad, Naghi; Reeves, Daniel. 2007. "Pennies from eBay: The Determinants of Price in Online Auctions". *Journal of Industrial Economics*, Vol. 55,

No. 2, June 2007.

Lumbiganon, P., et al. "Method of Delivery and Pregnancy Outcomes in Asia: the WHO Global Survey on Maternal and Perinatal Health 2007 - 2008." *The Lancet*, 2010, 375.

Ma, A. 1994. "Health Care Payment Systems: Cost and Quality Incentives". *Journal of Economics & Management Strategy*, 3 (1).

MacLeod, W Bentley. Optimal Contracting with Subjective Evaluation. *American Economic Review*, 2003: Vol. 93, No. 1.

MacLeod, W Bentley and Miguel Urquiola. Reputation and School Competition. *American Economic Review* 2015, 105 (11).

Mailath, George J; Samuelson, Larry. Who Wants a Good Reputation? *Review of Economic Studies*, 2001: Vol. 68, No. 2.

Mailath, George J; Samuelson, Larry. *Repeated Games and Reputation: Long - run Relationships.* Oxford University Press. 2006.

Matsushima, Hitoshi. Efficiency in Repeated Games with Imperfect Monitoring. *Journal of Economic Theory*, 1989: Vol. 48, No. 2.

Mazzeo, Michael J. Competition and Service Quality in the U. S. Airline Industry. *Review of Industrial Organization*, 2003: Vol. 22, No. 4.

McDonald, Cynthia G; Slawson, V Carlos, Jr. 2002. "Reputation in an Internet Auction Market". Economic Inquiry, Vol. 40, No. 4, October.

Meyer, Margaret A; Vickers, John. Performance Comparisons and Dynamic Incentives. Journal of Political Economy, 1997: Vol. 105.

Mickey, Ryan. The Impact of a Seller's Ebay Reputation on Price. The *American Economist*, Vol. 55, No. 2 (Fall 2010).

Milgrom, Paul; Roberts, John. Predation, Reputation, and Entry Deterrence. Journal of Economic Theory, 1982: Vol. 27, No. 2.

Nelson, Phillip. Information and Consumer Behavior. *Journal of Political Economy*, 1970: Vol. 78, No. 2.

NHS, 2013, *A Simple Guide to Payment by Results*. UK Department of Health Website, 25 March.

Porter, Robert H. Optimal Cartel Trigger Price Strategies. *Journal of Economic Theory*, 1983: Vol. 29, No. 2.

PPRI Pharma Profile. 2008. *Pharmaceutical Pricing and Reimbursement Information: GERMANY*.

Radner, Roy; Myerson, Roger; Maskin, Eric. An Example of a Repeated Partnership Game with Discounting and with Uniformly Inefficient Equilibria. *Review of Economic Studies*, 1986: Vol. 53, No. 1.

Rayo, Luis. Relational Incentives and Moral Hazard in Teams. *Review of Economic Studies*, 2007: Vol. 74, No. 3.

Rob, Rafael; Fishman, Arthur. Is Bigger Better? Customer Base Expansion through Word – of – Mouth Reputation. *Journal of Political Economy*, 2005: Vol. 113, No. 5.

Rob, Rafael; Sekiguchi, Tadashi. Reputation and Turnover. *RAND Journal of Economics*, 2006: Vol. 37, No. 2.

Rosen, Sherwin. Prizes and Incentives in Elimination Tournaments. *American Economic Review*, 1986: Vol. 76.

Rupp, Nicholas; Owens, Douglas; Plumly, Wayne. Does Competition Influence Airline On – Time Performance? in *Competition Policy and Antitrust*, Vol. 1 of *Advances in Airline Economics*. Edited by Darin Lee. Elsevier. 2006.

Sannikov, Yuliy. Games with Imperfectly Observable Actions in Continuous Time . *Econometrica*, 2007: Vol. 75, No. 5.

Scitovsky, Anne A. "An Index of the Cost of Medical Care—A Proposed New Approach." In *The Economics of Heath and Medical Care*. eds. by Solomon J. Axelrod, University of Michigan Press, 1964.

Selten, Reinhard. The Chain – store Paradox. *Theory and Decision*, 1978: Vol. 9, No. 2.

Shaked, Avner; Sutton, John. Relaxing Price Competition through Product Differentiation. *Review of Economic Studies*, 1982: Vol. 49, No. 1.

Shapiro, Carl. Premiums for High Quality Products as Returns to Reputations. *Quarterly Journal of Economics*, 1983: Vol. 98, No. 4.

Board, Simon and Moritz Meyer – ter – Vehn. Reputation for Quality. *Econometrica*, Vol. 81, No. 6 (November 2013).

Shleifer, A. 1985. "A Theory of Yardstick Competition". *RAND Journal of Economics*, 16 (3).

Sorin, Sylvain. Merging, Reputation, and Repeated Games with Incomplete Information, *Games and Economic Behavior*, 1999: 29.

Spear, Stephen E; Srivastava, Sanjay. On Repeated Moral Hazard with Discounting. *Review of Economic Studies*, 1987: Vol. 54, No. 4.

Stahl, Konrad. Location and Spatial Pricing Theory with Nonconvex Transportation Cost Schedules. *Bell Journal of Economics*, 1982: Vol. 13, No. 2.

Suzuki, Yoshinori. The Relationship between On – Time Performance and Airline Market Share: A New Approach. *Transportation Research: Part E: Logistics and Transportation Review*, 2000: Vol. 36, No. 2.

Tadelis, Steven. What's in a Name? Reputation as a Tradeable Asset. *American Economic Review*, 1999: Vol. 89, No. 3.

Tadelis, Steven. The Market for Reputations as an Incentive Mechanism. *Journal of Political Economy*, 2002: Vol. 110, No. 4.

Tirole, Jean. *The Theory of Industry Organization*. MIT Press. 1988.

U. S. Department of Transportation. *Air Travel Consumer Report*, 2008:

various issues.

Wang, Cheng. Dynamic Insurance with Private Information and Balanced Budgets. *Review of Economic Studies*, 1995: Vol. 62, No. 4.

Wernerfelt, Birger. Umbrella Branding as a Signal of New Product Quality: An Example of Signalling by Posting a Bond. *RAND Journal of Economics*. 1988: Vol. 19, No. 3.

Williamson, Oliver. *The Economic Institutions of Capitalism: Firms, Markets, Relational Contracting*. The Free Press. 1985.

Wiseman, Thomas. A Partial Folk Theorem for Games with Unknown Payoff Distributions. *Econometrica*, 2005: Vol. 73, No. 2.

Wolinsky, Asher. Retail Trade Concentration Due to Consumers' Imperfect Information. *Bell Journal of Economics*, 1983: Vol. 14, No. 1.

后　　记

本书是我过去十余年研究精华的总结。从写博士学位论文开始（2008 年），十余年来其实我只研究了一个问题：市场如何激励高质量产品的生产？

北大光华管理学院读书时期，我的博士学位论文关注重点是体验品市场。在这类市场上，消费者购买时不能确知产品质量，但经过使用体验，可以获得关于产品质量的一些信号。这些信号可能不完美，而且无法被第三方验证。因此，声誉机制很重要。当时写了几个数学模型，探讨市场竞争（具体来说是寡头市场竞争）对声誉机制的影响。其中部分内容在毕业后又经历了较大修改，形成本书前半部分。

毕业之后到中国社会科学院经济研究所工作，研究重点转向现实问题，尤其是医药卫生体制改革。医疗服务在经济学上称为“信任品”，其中的信息不对称问题与体验品有相关性，又不尽相同。从信任品角度，高质量医疗服务体现为医院对患者病情做出正确诊断，不会因为逐利而过度医疗。为避免医院因利益原因扭曲诊断，无论中外，医疗服务行业都受到高度管制。我学术研究的重点自然又从竞争转到管制，探讨价格管制对医疗服务质量的影响。由此形成了本书后半部分。

个人偏好理论研究，因其具有前瞻性。十年前，我关于体验品寡头市场声誉机制的研究是纯粹理论探索性质的，与当时的中国经济关系不大。那个时候，中国经济还处在高速增长阶段，数量扩张是第一位的。尽管 2008 年发生了“毒奶粉事件”，产品质量问题开始引起关注，但也只限于少数行业。2009 年我开始研究医药卫生体制改革时，医疗卫生行业也不大受到主流经济学界的关注。2014 年之后，随着中国经济步入新常态，高速增长不再，“高质量发展”受到更多关注。产品和服务质量问题，医疗服务行业改革发展，这些一下子都成了学界热点。

感谢我博士阶段的导师蔡洪滨教授，从经典文献阅读、博士学位论文选题、模型构建，甚至到中文写作，蔡老师都给予了耐心指导。

感谢博士学位论文答辩委员会主席巫和懋教授等参与我论文答辩的老师，为论文提出了许多建设性意见。

感谢中国社会科学院副院长、经济研究所所长高培勇教授。高老师提出了这套经济研究所丛书计划。经高老师主持的所学术委员会讨论，很荣幸我的选题纳入了丛书计划。因写作本书（尤其是第一章），汇整以前发表的论文，我才意识到自己写的数学模型，虽然选题横跨抽象的体验品理论和具体的医疗服务研究，其实都只是一个问题的不同表现形式：市场如何激励高质量产品的生产？

感谢朱恒鹏教授，本书关于医疗信任品的理论模型，最初灵感来自跟随朱教授医改研究团队在各地的大量实地调研。

感谢北京微观经济理论论坛。这个论坛是北京市几所高校（北京大学、清华大学、中国人民大学、中央财经大学、对外经济贸易大学、首都经济贸易大学、中国社会科学院经济研究所）热衷应用微观经济理论的小伙伴们自发组织的交流平台。自 2009 年以来，本书中好几篇论文都曾在这个平台上做报告，得到许多建设性意见。尤其感谢聂辉华、尹振东、李建培、乔雪、董烨然、郑捷、杨其静、张琥等参加论坛的学者。

本书部分章节曾发表于《经济研究》《世界经济》《产业经

济评论》《南开经济研究》等期刊，感谢匿名审稿人的中肯意见。

感谢中国社会科学出版社编辑老师，编辑过程中的专业和速度都令我印象深刻。

感谢中国社会科学院经济研究所科研处诸位老师在本书出版过程中提供的协助。

最后，但或许是最重要的，感谢我的父亲、母亲、妻子、儿子。家人的支撑和对家庭的责任都是我持续前进的动力。

杜　创

2019 年 3 月于北京